苏州千村故事

相城·光阴里

『苏州千村故事·相城卷』编委会 编

苏州新闻出版集团

古吴轩出版社

图书在版编目（CIP）数据

苏州千村故事. 相城. 光阴里 / "苏州千村故事·
相城卷"编委会编. -- 苏州 ：古吴轩出版社，2024.
12. -- ISBN 978-7-5546-2509-5

Ⅰ. K295.35

中国国家版本馆CIP数据核字第2024R1J692号

责任编辑：鲁林林
见习编辑：沈　雪
封面设计：李　璇
装帧设计：杨　洁
责任校对：戴玉婷
责任照排：刘成宇　韩桂丽
统筹整理：赵维康　沈　雪等
图片提供：郁大波　石春兰　朱亚华　曹育雷　周建根
　　　　　伊志明　朱岳明　周月康　赵培根　卫吾政等

书　　名：**相城·光阴里**
编　　者："苏州千村故事·相城卷"编委会
出版发行：苏州新闻出版集团
　　　　　古吴轩出版社
　　　　　　地址：苏州市八达街118号苏州新闻大厦30F
　　　　　　电话：0512-65233679　　邮编：215123
出 版 人：王乐飞
印　　刷：苏州市越洋印刷有限公司
开　　本：787mm×1092mm　1/16
印　　张：21.75
字　　数：295千字
版　　次：2024年12月第1版
印　　次：2024年12月第1次印刷
书　　号：ISBN 978-7-5546-2509-5
定　　价：98.00元

如有印装质量问题，请与印刷厂联系。0512-68180628

编委会

目录

名人故事

夏禹奠…………………………………………………… 002

泰伯漕湖降蛟龙………………………………………… 005

孙武长洲苑练兵………………………………………… 009

范蠡伐吴开漕湖………………………………………… 013

公冶长与冶长泾………………………………………… 018

大贤人与大贤桥………………………………………… 020

陆云"捐饷济民"与相城陆士龙祠………………… 022

吕品教子………………………………………………… 025

紫黑脸的武烈大帝……………………………………… 029

尤家有區传后世………………………………………… 034

况钟北桥访隐士………………………………………… 036

祝允明使计惩奸商……………………………………… 039

写信找证据……………………………………………… 044

申时行授计揭骗局……………………………………… 047

黄埭瓜子和冯梦龙……………………………………… 056

醉写"杜十娘"………………………………………… 059

水车之谜：谢方樽智斗贪婪地主 …………………………… 064

乾隆漕湖访寿星 …………………………………………… 066

慕王种银杏 ………………………………………………… 071

阳澄湖畔留忠魂——记陈鹤烈士 ………………………… 073

地名故事

"筑堰成埭"——黄埭往事 ………………………………… 096

五丫浜 ……………………………………………………… 098

四图庙绝处逢生 …………………………………………… 106

捐助银洋重建万安桥 ……………………………………… 109

"黄埭四小姐"捐建石板路 ………………………………… 112

吴先主建御亭 ……………………………………………… 115

鹤溪 ………………………………………………………… 121

望眼欲穿"望齐台" ………………………………………… 124

庄湖、季氏与宅基村 ……………………………………… 126

吴王长洲苑 ………………………………………………… 131

牡丹村的来历 ……………………………………………… 137

富仁七桥 …………………………………………………… 141

九思街和狗屎街 …………………………………………… 145

望亭保苏州 ………………………………………………… 147

风物故事

"轧立夏"习俗 ……………………………………………… 168

端午节包粽子的来历 ……………………………………… 173

情结芦花鸡·······························178

《挂枝儿》时调小曲 ·······················181

西施造"蟹"字··························187

御窑金砖······························190

织梦荷花：巧生与缂丝的传说 ···············194

黄埭西瓜子····························196

时代故事

太平桥牛场记··························216

黄埭老街····························219

参天古银杏··························221

阳澄之水····························224

油泾老街的烟火气·······················230

湘城老街，抹不去的乡愁 ···················233

我心清如阳澄湖水——记高守耕油泾"束身自劬" ·········236

荻溪老街印象·························238

附录：光阴里的老街

名人故事

夏禹奠

卢群

　　望亭太湖村有块地方，俗名"下圩田"，实际上叫"夏禹奠"。一个普通乡野之地，怎么会有这么一个文绉绉、很生僻的名称呢？这要从大禹的父亲说起。

　　大禹的父亲叫"鲧"。鲧受帝尧之命治理洪水，他采用堵的方式，堵了九年，完全失败，洪水越来越肆虐，鲧被帝尧论罪斩于羽山。

　　后来帝尧禅位给帝舜，帝舜将治水的重担压上了大禹的肩头。大禹走遍了山南海北，摸清了地形和水的走向，决定用导引洪水入大海的方法来治理水患。治洪工程开始，大禹扛着镐镢，率领成千上万的民夫挖渠开山、疏通河道。在治水过程中，最艰巨的工程是开凿龙门。龙门是一座大山，高高地横在黄河当中，挡住了奔腾直下的河水的去路，河水越积越多，水量增大了，便四处横溢，泛滥成灾。大禹不怕辛苦，不畏艰险，带领民夫一点儿一点儿地开凿。夏天，烈日当空，山石被晒得滚烫，大禹汗流浃背，仍然不停地干着；到了晚上，还要对付毒虫猛兽的袭击。冬天，北风呼啸，天寒地冻，大禹一镐一镢地挖着冻得坚硬的土地，手都磨出了血泡，可他毫不在乎，稍稍休息一下，又干了起来。民夫见首领如此吃苦耐劳，也就没有了怨言，齐心协力跟着他日夜苦干。然而，无论他们怎么拼命，还是太慢了，大禹必须想其他办法。

　　大禹将民夫统统放回家去休假，待到龙门不见一个人影，他化作一头大熊，后腿直立，前掌击石，一掌下去，呼呼生风，掌风所到之处崖崩岩坼，大山终于裂作两半，一扇门户洞开，滞阻在山前的汹涌浑黄大河，通过此门一泻而下，滚滚东流。大禹复化为人，舒了口气，擦了把汗，转战江南去了。大禹前后花了十三年，治好了华夏九州各地的洪水。

回过头来说鲧，鲧的尸体在羽山躺了好多年，忽然一个翻身，翻进溪水，变成了一条鱼，从小溪游进了小河，从小河游进了大河，从大河游进了黄河。鲧不放心儿子，怕儿子重蹈他的覆辙，想去看看儿子怎么治水。鱼一天能游多远呀？等他紧赶慢赶到达龙门，这里的工程早已结束，大禹已经去了南方。鲧不灰心，不停止，鱼尾一甩一甩，选泾择川，泗湖渡江，不惧辛劳，不畏风霜，昼夜不懈，朝南游去。结果，等他到了江南，大禹又已离开，到会稽去了。

鲧钻了牛角尖，误以为是大禹耻于认他这个失败的父亲，有意躲他。鲧伤透了心，再也没有精神追赶儿子了，一头钻进了太湖，永远也不想再露面。想是这么想，却由不得他，因心有怨气，怨气发酵，一年一年，也不知过去了多少年，怨气在体内越积越多，猛烈膨胀，竟将一条鱼变成了梼杌。

梼杌和浑沌、穷奇、饕餮并称四大恶神，皆是怨怒不泄、戾气纠结之果。浑沌也有开天辟地之志，但他比盘古生得晚，没赶上趟，因此怨天怨地怨一切。他形状肥圆，像火一样通红，长有四只翅膀、六条腿，没有五官，却能观物听声嗅味。浑沌遇到高尚的人，便会大肆施暴；遇到恶人，便会听从他的指挥。穷奇是天帝最小的儿子，因天帝过于溺爱，他从小骄横，不学无术，人见人厌，长大后嫉妒所有受人尊敬的神，最后把自己活活憋死了。穷奇大小如牛，外形像虎，披有刺猬的皮，长有翅膀，叫声像狗，经常飞到有人打架的地方，将有理的一方鼻子咬掉；如果有人犯下恶行，穷奇会捕捉野兽送给他。饕餮传说为蚩尤被斩后首落地所化，羊身人面，目在腋下，虎齿狼爪，嗜好食人。梼杌人面，虎足，犬毛，猪牙，尾长一丈八尺。梼杌与其他三位相比，很少作恶，他大部分时间都在昏昏沉沉地睡觉，偶尔醒来又逢心情糟糕，他才会看人不顺眼，露出狰狞相把人吓死。

这一阵,梼杌闲得无聊,跑到附近的望亭地界,拱河底淤泥,扒岸上的土,堵河玩耍。栖息在望亭的原始部落首领见河上莫名其妙冒出了土坝,便集中了一批劳力把它拆了,谁知当天拆除了,仅隔一夜,土坝又出现在河上。如此反复多回,土著民觉得定有妖魔作祟,又慌又怕,赶紧向国君报告。当时已是泰伯建立了吴国的时候,望亭也在吴国疆域内,国君泰伯派二弟仲雍前来处理。

仲雍组织役夫再次拆了土坝,然后在河边隐藏了一夜,观察动静。他看到一个人面兽身的怪物在水中拱来拱去,堆泥叠土,不到半宿就垒起了高坝,将河流拦腰截断。仲雍不识此物为何怪,便就地打了个盹,他的灵魂直奔天庭,找黄帝请教。黄帝听此一事,让他去找大禹解决。

大禹此时也已上天当了神明,听了仲雍来意,很是为难。不答应仲雍的除怪要求吧,愧对苍生;答应吧,毕竟梼杌是他父亲的化身。大禹左思右想,再三掂量,说:"这样吧,你回去之后,在那个地方筑个高台,我来登台祈奠,假如有用,万事皆休;如若无效,我也只能大义灭亲了。"仲雍欣然回到尘世,按大禹吩咐在望亭堆筑了一个大大的土墩。土墩面朝太湖,墩上香烛高照,供牲罗列。大禹如约降临,在土墩上念念有词,大意是请父亲看在他面上,赶快离开太湖,回原籍去安心养老,否则,恐将惹来天帝震怒,派出神兵天将下凡,老命休也!

经大禹这么一番软硬兼施,梼杌倒也识趣,从湖中腾起,飞上半空,渐升渐高,直至云端。飞升之际,梼杌变成了鱼,鱼又变成了鲧的原形。鲧向土墩上的大禹点了三下头,腾云驾雾往西北去了。

鲧回到了崇山(今陕西户县),那里原是他的封国。鲧在崇山恢复了本性,再也不曾出来惹事。而望亭筑台奠鲧的地方,从此被人叫作"夏禹奠"。

泰伯漕湖降蛟龙

诸家瑜

1971年，漕湖里出土了一种石制的箭头，经考古专家鉴定，这是商周时期的兵器，叫"石镞"。

漕湖，原名巢湖，春秋时期越国伐吴，因范蠡在此开凿巢湖，疏通河道，遂改名蠡湖，后来又唤作现名。商周时期的石镞怎么会在漕湖里出现呢？据说，是当年泰伯在此降伏蛟龙时留下的。

话说商朝末年，岐山（今陕西境内）周部落首领古公亶父的长子泰伯为天下安宁，避宫廷之争，成就父愿，放弃王位继承权，假托为父采药治病之名，携次弟仲雍跋山涉水，千里南迁，定居江南梅里，入乡随俗，"断发文身"，建立勾吴国。之后，为了改变江南地势低洼、常年水灾严重的情况，泰伯决定大兴水利，开凿了一条全长43千米的"人工运河"——泰伯渎（今伯渎河）和9条支流，疏通自梅里至常熟的各个湖荡水系，改"以堵为疏"，"穿浍渎以备旱涝"，发展农业生产，促使商业繁荣。玉皇大帝闻讯后，为表彰泰伯，亲赐他一把"降龙剑"。

为将这个巨大的水利工程付诸实施，泰伯调集了当地大批人力，组成浩浩荡荡的水利大军，沿着坊前、梅村、荡口、漕湖，一路开凿而来……

漕湖，北与鹅真荡相接，商周时期是个很大的湖泊，水域面积极大。这里既是船只航行的主要通道，又是当地百姓养殖水产、种植水生植物的场所。因此，漕湖水道交通十分便利，物产资源相当丰富，一年四季"水鲜"不断。

相传，漕湖底下曾有条暗道，可直接通向东海。在泰伯开凿"人工运河"的一年初秋，一条修炼了千年的蛟龙在游玩东海时，无意中发现了这个秘密。它顺着暗道，一直游到漕湖，浮出水面一看，这里风光旖旎，使人陶醉。于是蛟龙就在此定居，意欲独霸这块风水宝地。

时光流逝，转眼间冬去春来，到了清明时节。这一天，漕湖地区各家各户都纷纷上祖坟举行"墓祭"之礼，培新土插嫩枝，供饭菜鲜果，焚化纸钱，叩头行礼……以此悼念已逝的亲人。初来乍到的蛟龙，浑然不知清明扫墓祭祖是吴地民间的传统习俗。

"他们为什么不给我上供、烧纸、磕头？"它看看想想，想想看看，心中不由得醋意大发，继而变得不悦，最终转为愤怒，"腾"地蹿出湖面，大声责问道："你们为什么不给我上供、烧纸、磕头？"

蛟龙的突然出现，把那些正在祭祖的百姓吓得不轻，大伙儿不知所措。这时，一位胆大的壮汉站了出来，反诘蛟龙："你又没死，上什么供，烧什么纸……"没等话说完，被激怒的蛟龙伸出利爪，一把将壮汉抓住，举向空中，继而往龙嘴里一塞。大伙儿一看，个个被吓得魂不附体，纷纷落荒而逃。

蛟龙吞下壮汉后，心中依然是怒火中烧。它睁大一双龙眼，大声吼道："我要给你们点儿颜色看看！"随即钻入湖中，摇动龙尾，兴风作浪。刹那间，漕湖水位猛涨，万顷良田化为一片汪洋……

"救命啊！救命啊！"受淹的百姓在大水里挣扎着，一阵阵呼救声向着四面八方扩散开来。此时，泰伯的水利大军正在附近开挖河道，阵阵呼救声传来，被一个青年听到了，他赶紧向泰伯设在村里的"临时指挥所"——一个简易的草棚跑去。

"报告君主！"青年径直闯入指挥所里，气喘吁吁地向泰伯作了简要汇报。

"走，赶快去救人！"泰伯立即带领一批精兵强将，直奔漕湖而来。

此时的漕湖上空，乌云笼罩，蛟龙仍在湖里发威。奔到现场的泰伯，一边指挥大家抢救水里的百姓,一边抽出"降龙剑",对着蛟龙大声呵斥:"恶龙,休得无礼!"

蛟龙闻声跃出水面,一看是泰伯,心里"咯噔"了一下,慌忙问道:"吴国君主,您怎么到这儿来了?"

"来看您'表演'啊!"

蛟龙一听,觉得很不是滋味,有点不服气了,说了声:"关你何事?"继续兴风作浪,我行我素。

泰伯大怒,拔出"降龙剑",大喝一声:"看招!"

他升到漕湖上空,便与蛟龙斗起法来。十几个回合下来,蛟龙招架不住了。此时,泰伯又从身上取下一张强弓,搭上一支装有石镞的箭,"嗖"的一声射去,正中龙眼。蛟龙受了伤,一边招架一边在想,如果再这样斗下去,肯定会没命的,不如"三十六计走为上"。于是,它急忙使了个花招,跳出圈子,纵身一跃,返回湖中,直往暗道方向逃去。泰伯见此情景,立即识破蛟龙的企图,赶紧掏出随身携带的宝器石臼(碗),往湖里用劲扔去。不偏不倚,石臼正好堵住暗道口,截断了蛟龙的逃生去路。

心急如焚的蛟龙被困在了湖里,心知在劫难逃。它眼看着"降龙剑"从天而降,生命危在旦夕,就急急将箭拔下,往湖底一撬,"腾"的一下从湖里蹿了出来,幻化人形,跪在湖边,连连说道:"君主饶命,君主饶命!"

泰伯收起宝剑,命令道:"还不快把水给退了!"

蛟龙俯首称"是",立马伸出龙头,张开龙嘴,对着湖面深深一吸,顿见漕湖水势渐小,万顷良田全部露出。得救的百姓从四面八方围拢过来,向泰伯连连叩首作揖,齐声道谢。

泰伯严厉责问蛟龙:"你闯下了如此大祸,该当何罪?"

"一切听从君主处置!"

"好!罚你跟我去开河!"泰伯从腰间抽出一根长绳,打了个捉狗结,往龙头上一套,吩咐手下:"告诉大家,先留下来,安置好所有灾民,我去去就来。"

说完,纵身跃上龙背,指挥着蛟龙向匠人村方向而去。

回到指挥部,泰伯将蛟龙交给一位大臣看管后,立即调集了大量的人力、物力到漕湖,帮助那里的百姓恢复了生产,建起了新的家园。之后,泰伯的水利大军离开了漕湖,而那支装有石镞的箭则一直留在了漕湖深处,沉睡了3200多年。

孙武长洲苑练兵

张瑞照

春秋时期，兵圣孙武曾在长洲苑（现北太湖望亭镇境内）治兵卒长达一年之久。

孙武怎会在长洲苑治军练兵？这得从吴国大夫伍子胥说起。

吴王阖闾登上大位后，一日去长洲苑狩猎，由于箭法精湛，猎物满载。他望着一堆堆猎物，想到了什么，传下话去："召见众臣，商议强军大计。"

阖闾见伍子胥等臣子来了之后，开门见山说："吴国要成为强国，必须强军，强军必须扩军……"善于拍马溜须的大臣伯嚭一听，赞声不绝："大王言之有理，我们吴国强大了，试看天下谁敢与吾国为敌？届时越、卫、齐……甚至楚国大王都对您俯首称臣，岁岁进贡稻谷、马匹、猎物……"

众臣异口同声附和："大王之言极是，时下应立马扩军……"

伍子胥站在一旁，一言不发。阖闾十分不解："伍大人，难道寡人所说之话有误？"伍子胥摇了摇头，道："大王之言，一点不错，要强国务须强军，要强军务须兵多将广。"

伯嚭迫不及待："只要大王一声令下，吴国立即扩军，试问谁敢不举手响应？"此时犟强如牛的伍子胥对着阖闾双手乱摇："大王啊，此举断然不可。因为神州天子规定，天下拥兵，天子六军，诸侯大国三军，次国两军，小国一军。吴乃小国，只能拥有一军。如果擅自扩军，不但会受惩罚，而且百姓也承受不起如此军粮、赋役。"

吴王一声长叹，瘫坐下来，久久未语。

伯嚭强词夺理："天高皇帝远，他喝了哪个湖中之水会管得这么宽？"伍子胥面对伯嚭，正言相告："我们断不可自找麻烦，招来杀身之祸。"伯嚭不屑一顾："强国要强军，强军要扩军，不能扩军，吴国称霸天下，要待到猴年马月？"伍子胥一着不让："凡事要动脑子，办法总比困难要多，何必铤而走险？"一听此话，阖闾双目盯着伍子胥，言道："看来爱卿胸中藏有锦囊之策？"

伍子胥双膝跪地，对吴王道："微臣时下脑中一片空白……"

阖闾又长吁短叹起来。

伍子胥回到府中，想到强军之事，辗转反侧。当看到中堂挂着的地图上"穹窿山"三字，他想起了在那里遇到的四方脸年轻人。

伍子胥在穹窿山遇见的四方脸年轻人，正是兵圣孙武。此事得从吴王嘱咐他建造城郭说起。

三年前，吴王登上大位，伍子胥负责建造城郭。伍子胥道："现吴都樊城，东有灵岩山、七子山，西有穹窿山、马冈山，北有五峰山、白象山，南有濒临太湖的小阳山（今清明山），山高城低，居高俯视，一览无遗，易攻难守，于战不利，强敌一旦入侵，岂能抵御？所以兴建一座大城，驻兵屯粮，方能永保千秋大业。"

阖闾连连点头。

在建造新城中，伍子胥得到了阖闾的全力支持，他广纳良言，不耻下问，几次修改营建大城方案。

一天，伍子胥去穹窿山森林视察民工伐木。在茂松林边，他见到一个四方脸的年轻樵夫在眺望不远处的胥江，此时来了兴趣，遂问："你认为开凿此河如何？"

孙武道："阖闾大城的选址营建独具匠心，只是……"伍子胥听出他话中有话，急忙追问："伍某若有考虑不周之处，不妨赐教。"

孙武见此人不耻下问，便侃侃而谈："吴地东濒沧海，北临大江，西、南又是太湖，汛期到来，经常水患成灾。远古时期，夏禹曾在此因势利导，疏川导滞，以汇大海，为世人所赞誉。放眼水乡泽国，吴人水行而出，以船为车，以楫为马；百姓习于水斗，善于用舟。因此理应依托江湖，引水入城，水陆相邻，街河并行，构成一个水陆双棋盘式的格局。如此一则利于运货，一舟之载，胜于十车，而桨橹之力，仅车力十分之一；二则便于交通，以舟代车，晴时无尘，雨时无泥，而且并行不悖；三则沿街有河，沿河栽树，绿树浓荫，倒映河中，倍增水乡城郭绮丽风光；四则便于防治水患，久雨之后，城内不会积水，干旱时城内也不会缺水；五则利于城防攻守……既然胥江已凿，何不引水进城？"

伍子胥听到这里，暗暗称绝，回府之后，遂按孙武建议，修改了新城设计方案。城墙四周设陆城门八座，以象天之八风；设水城门八座（即西面的阊门、胥门，北面的齐门、平门，东面的娄门、匠门，南面的蛇门、盘门），以法地之八聪。

另外，伍子胥按照孙武之说，在大城内外凿有水濠，分别称内濠和外濠。内濠可通小舟，外濠可通大船，水门沟通城郭的内外水道。

如此宏大的阖闾大都，加上城内的王宫殿堂，大城内外的官宅、民居、集市、营寨等建筑设施，伍子胥率民工日以继夜，花了三年时间工程告竣。

……

伍子胥想起了四方脸年轻人（孙武），于是进宫向吴王举荐。不想阖闾道："寡人有你足矣。"伍子胥道："人无完人。问天下谁是英雄，山外有山，大千世界人才无数；有了人才，民才会越来越富，国才会越来越强。"接着伍子胥说出当初建造大城时，正是听取了一位高人之言，才取得如此成就。阖闾觉得伍子胥言之有理，遂令他广招天下奇才，为吴国强军所用。伍子胥于是扮作乡间艺人，四下觅寻四方脸的年轻樵夫。

一日，他来到小山下村落，在地上放了千两乌金，对围观众人说："谁能赤手空拳打倒在下，这些乌金就归其所有。"此时有一年轻人跳入梅花圈与伍子胥较量，使计把他打翻在地。那人拿了乌金欲走，被伍子胥喝住。那人便道他名叫正雷,是兄长叫他前来与之较量。伍子胥在正雷的引领下,在茅蓬坞见到了孙武。

伍子胥从孙武口中得知,他是齐国人,为避战乱至吴。交往之后,伍子胥发觉孙武的文韬武略,无所不精,尤其擅长治军用兵之术。于是,伍子胥直言不讳,向孙武讨教强军之策。孙武先是缄口不言,伍子胥问得急,他终于道:"我在民间听得你伍兄被楚平王手下三千铁骑追杀以后脱险一事。你早有治兵卒之策,又为何明知故问?"伍子胥顿时想起当年自己在楚国家乡伍家坡时,平素常与故里乡勇切磋武艺。当时楚平王杀了他父亲和胞兄,率三千铁甲团团围困伍家坡,妄图杀他斩草除根。乡亲们得知之后,一个时辰聚起千余乡勇,持刀执枪协助他脱逃。

想到这里,伍子胥恍然大悟,立马辞别孙武,进宫晋见吴王。

阖闾见伍子胥一脸喜气洋洋,问道:"是爱卿想出了不扩军而强军之策?"伍子胥一高兴,语无伦次了:"扩军、扩军……"阖闾一丈水退掉了九尺,气不打一处来:"你难道忘了擅自扩军会招来灾祸?"伍子胥思索了一下,侃侃而谈:"时下吴国乃小国,只有一军编制。一军的编制以五人为伍,五伍为两,四两为卒,五卒为旅,五旅为师,五师为军,如果要成为强国,光靠这些兵力难以卫国御敌。臣以为,日后放四分之一的兵丁回家种田,补四分之一新员培训三月,三月到期,回家种田,再补四分之一……这样,每三月轮换一次兵员,一年下来,吴国就拥有两军之兵。这两军中一军在伍,另一军既是民,又是兵,这叫藏兵于民,平时为民,战时为兵,即使周天子知道,也没有理由惩罚……"

阖闾拍案叫绝,传下话去,按照伍子胥的办法操练士兵,藏兵于民。

吴王欲嘉奖伍子胥,伍子胥双膝跪地,道出实情:"想出此法的是流亡于吴的齐国人孙武。"力荐孙武至吴军掌印。阖闾起初心想,一个年轻樵夫会有多大能耐?伍子胥苦口婆心,七荐孙武。阖闾令孙武小试兵法于后宫之女后,终于意识到此人是个难得的人才,于是拜他为将,训练军队。

孙武掌印之后,即率兵卒于北太湖长洲苑操练演习。

范蠡伐吴开漕湖

金建英

漕湖位于北桥与黄埭两镇交界处，其西为无锡市后宅镇荡东村。

范蠡（前536—前448），字少伯，春秋末期越国大夫，著名政治家、军事家、谋略家和商界巨擘，被民间誉为"商圣"，楚国宛（今河南南阳）人。在群雄争霸的春秋战国时期，曾助越王勾践灭吴称雄。

公元前494年，即越王勾践三年，吴王夫差打败了越王勾践。勾践作为人质去吴国给夫差当奴隶，换取越国的生存。而这时候勾践的谋臣文种给勾践出计策，希望将来有朝一日能复国雪耻，其中最毒辣的一条就是美人计。

在跟勾践商量好之后，文种找到自己的发小范蠡，请他出山帮助自己去完成复国重任。最终范蠡决定出山帮助勾践复国，那么第一步就是去找美女。

范蠡与文种经过千山万水，打听了无数的人，筛选了几千名女孩，终于在苎萝（今诸暨南）找到了西施。西施本名施夷光，她天生丽质，是美的化身和代名词。

西施到吴国后，夫差沉迷于美色，开始不理朝政。夫差为了博得美人一笑，为西施建楼台、筑亭榭，不知花费了多少国库积蓄。

范蠡接着要做的是，尽早让吴王把在吴国当俘虏的勾践放归越国，于是给勾践出了个尝粪的主意。勾践依计行事，夫差感慨道："我的儿子都不会这么孝顺，越王对我真是太忠心了！"夫差一高兴，就将勾践放回去了。

当时伍子胥告诫夫差小心勾践，可惜夫差不听。勾践回到越国后，又采用范蠡之计，派大夫文种到吴宫，谎称越地遭灾，向吴王借粮。文种借到了万石粮，运回会稽。来年，勾践把蒸过的精粟还给吴国，于是，吴国的人民没有了粮种。勾践为了达到削弱吴国国力的目的，用这条计使吴国粮食歉收，饿死了许多吴国百姓。夫差本来是要追查此事的，但经不住西施在耳边吹枕边风，就把这件事抛到脑后去了。

勾践经过"十年教训，十年生聚"，使越国恢复了元气。范蠡率部经太湖到望亭沙墩边（今望亭镇），然后开挖了蠡渎，即漕湖，又拓宽了湖的入口，用来屯扎水军。越国水师进入漕湖，日日夜夜操练船头战术。时机成熟后，勾践亲领大军，从南面木渎方向攻打吴国国都。范蠡指挥水军从北面漕湖向苏州城压来，两面夹攻。当时夫差率吴军主力于黄池（今河南封丘县南）打仗，听到报告后，军队来不及回到苏州，只得败下阵来。越国占领了苏州城，灭了吴国。清乾隆年代诗人叶士宽有诗记述这场战役："秋光一片接澄河，少伯曾经此伐吴。组练眩睛明浦口，艅艎衔尾下姑苏。乌啼茂苑多榛莽，水满长洲遍荻芦。今日通津成大路，千帆转漕入皇都。"

据说，范蠡伐吴时，一日在漕湖边行走，踩到了地上的一块木条，恰好木条另一端有一颗小石子，弹了起来，砸到了他的额头。这件事让他产生了制造抛石机的灵感，抛石机在后来攻破城池的过程中发挥了重要作用。

越国灭亡吴国后，范蠡看出越王勾践心胸狭窄，只能同患难，不能共富贵，就和西施化装成渔家夫妇，躲过戒备森严的一个个岗哨，重金租了一条渔船，出齐门经陆墓（今陆慕），过蠡口，沿黄埭，在漕湖畔定居，后来经起商来。据说东桥还有范蠡墓，清嘉庆《浒墅关志》载："相传有范蠡墓，其地特高，居人登此观漕河风帆，至今人尤能指其处。"漕河就是漕湖。

直到现在，北桥人只要提起漕湖，就会想到这位古代政治家、军事家，我国的"商圣"范蠡，都说他是个真正的聪明人。

北桥祖先受越国水军操练和东吴水军作战影响，为护村保家强身，就练成了船头拳。到了唐代，北桥建成了觉林寺，船头拳被带进了庙会表演，有些拳师把历代英雄人物编为拳歌，融入船头拳中，开口船头拳就逐步形成了。

漕湖是有着数千年历史的传奇之湖，漕湖全湖进出口水道总计二十二条，曾是军粮漕运的主要入口，是贯通太湖和长江的水泊枢纽，是御窑金砖自运河北上的必由之路，也一直是资源汇聚、人文交融之地。

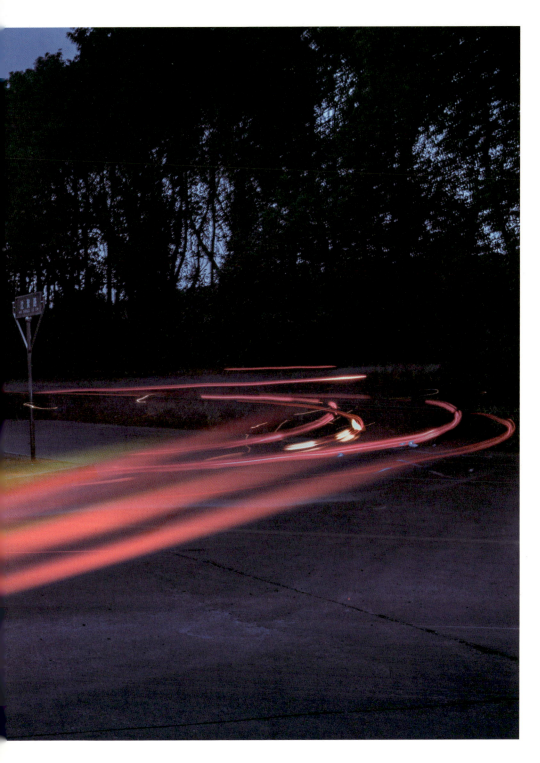

公冶长与冶长泾

周龙兴

　　治水与治学，千百年来，在苏州这片土地上，既休戚相关，又代代传承。说到治水治学的典型人物，人们首先想到的就是北宋的范仲淹。景祐元年（1034）六月，范仲淹知苏州，此时苏州水患已有数月。范仲淹在苏州任职期间，兴修水利，又创办府学，规模宏大。范仲淹创办的府学被誉为"东南学宫之首"，至今仍润泽一方。苏州城北有一条东西走向的河流，长约7千米，串联起元和塘和鹅真荡，名曰"冶长泾"。名字背后，同样有一段有关治水与治学的悠悠往事，故事的主人公是春秋时期的公冶长，孔门七十二贤之一。

　　寻找这条河流，其实并不难。从高铁新城出发，沿着御窑路一路往北，就可到达元和塘与冶长泾的交汇处，即地图上导航"冶长泾"的目的地。只是要读懂这条河流，总觉得缺少一两个节点，如元和塘对应的陆慕老街、御窑金砖博物馆等。我按照地图的大致走向，尝试着沿冶长泾自东往西行走，分别路过工业区、住宅区、村庄与桥梁，河流的身影时隐时现，却总觉得缺少一个停驻点。春秋以来的光阴太过遥远与漫长，一些人文遗迹想必早已烟消云散，但河流不老。

　　我最后在一处正在改扩建的商业区附近停车，走进去，是很多废弃的老厂房，正在转型为文创园区。左边有两个砖圆仓，是鱼米之乡的旧时印记。再往前穿过厂房，便是冶长泾。我喜欢河边绘有"和风冶长"四字的"打卡"墙，拍一张照片，有缓缓而过的冶长泾，远处是公冶长大桥。

江南之所以成为鱼米之乡，在于治水与用水。一系列的水利工程，把洪水泛滥的泽国变成良田沃土，其中便包括河流的开挖与疏浚，以及河流、湖泊沿岸塘浦圩田的开辟。苏州城北的北桥地区，地势低洼，西有鹅真荡，南有漕湖。旧时只要连下几天雨，两个大湖的洪水就会横溢四周，百姓流离，水患亟须整治。

公冶长来到北桥，倒不是为了治水，而是为了传播孔孟之道。孔门七十二贤中唯一的南方弟子，常熟人言偃，号称"南方夫子"。公冶长随言偃涉南方吴越等地传授孔子学说，言偃在常熟传道，公冶长则到北桥芮埭办学。

办学需要当地百姓的支持，也少不了良好的办学环境，只是琅琅的读书声总被隐隐的水患干扰。学生有时根本无法来上学听课，公冶长看在眼里，急在心里。他查看了当地的环境，看到了当地人的一些努力。为防御洪水侵袭，百姓用竹头打桩，门板泥土筑堤，但仍然阻挡不了汹涌的洪水来袭，堤坝时时可能被冲塌。

洪水宜疏不宜堵。为了根除水患，让学生安心来读书听课，公冶长与学生家长及当地贤达商量，打算从苏常运河到鹅真荡开挖一条河道，让漕湖、鹅真荡的湖水排向阳澄湖。学生家长都很支持，很多族长和开明士绅都推选公冶长负责安排。当公冶长带领乡亲铲下第一锹土时，北桥繁华的帷幕已然悄然拉开。水路也是财路，从此，不但梅雨季节可以及时泄洪，而且苏州至无锡的水航道得以疏通，远可达上海。贸易、经商让北桥更加活络起来。公冶长兴修水利，为民造福，人们为纪念他，就把该河命名为"公冶长泾"，后来简称为"冶长泾"。

千年前，泗水河畔，面对滔滔不绝的河水，孔子感慨："逝者如斯夫，不舍昼夜。"时间如流水，一去不复返，意在告诫我们要惜时，更要在有限的时光里活出自己的价值。后来，公冶长来到吴地北桥，身体力行，传道授业，用一条河流践行了老师当初的谆谆教诲。

大贤人与大贤桥

周孙卉

　　春秋战国时期，出生于鲁国（今山东省）的孔丘创立了儒家学派，博大精深的儒家思想对中国和世界都产生了深远影响，孔子因此被后人尊称为孔圣人。为了传播儒家学说，孔子收了很多学生，号称"三千门徒"，其中有七十二人非常优秀，号称"七十二贤人"。

　　七十二贤人中，言偃与公冶长特别要好。言偃是孔门弟子中唯一的南方人，出生于现在的苏州常熟，擅长文学，致力于用礼乐教育百姓。言偃学成后回到了自己的家乡，讲学布道，对江南文化的发展与繁荣起到了巨大作用。孔子称赞他说："吾门有偃，吾道其南。"意思是：我门下有了言偃，我的学说才得以在南方传播。因此，言偃死后被奉入孔庙，尊为"十哲"之一，后来被誉为"南方夫子""先贤言子"。如今的常熟虞山有言子墓、言子故宅、言子祠以纪念先贤。

　　公冶长天资聪颖，博学多才。孔子非常喜欢公冶长，特意把心爱的女儿嫁给了他。传说公冶长听得懂乌鸦、麻雀等飞鸟的啼鸣，也就是懂得鸟语，近代文学家汪曾祺专门为此写了一篇小说，名字就叫《公冶长》。后来，公冶长跟着好朋友言偃来到江南，定居北桥芮埭一带教书。北桥地区地势低洼，镬底潭、锅底田多，加之西有鹅真荡、南有漕湖，只要连下几天雨，两个大湖的水就横溢四周，形成洪涝，民间常有"三天两头白茫茫，颗粒无收眼泪汪。女人讨饭男流浪，奔走四方去逃荒"的说法。为了彻底解决水患涝灾，公冶长带领当地百姓兴修水利，开凿河道，东起元和塘，西至鹅真荡，全长7.2千米。这条河道是北桥境内最长的一条河流，也是北桥通往外界的水上交通要道之一。当地百姓感激他，将这条河命名为"冶长泾"。

一天，言偃从常熟出发，到北桥探访同窗好友公冶长。他乘坐木船，到了北桥沈巷河滩岸头，告别船夫，跳上岸，迈开双脚继续朝前走。到公冶长家还需要经过两条河，其中一条河上没有桥，必须乘船过河。言偃步履沉稳，神色安详，微笑着冲渡口挥挥手，非常礼貌地和船夫打招呼。船上已经有了好几个乘客，有的带着篮子，装着自家养的鸡鸭、自家种的青菜，准备到集市上卖；有的带着生病的老人孩子，准备去看医生；有的带着行李，是过路客商。摆渡老船夫见言偃一身读书人打扮，举止有礼，气度不凡，格外留心他。只见言偃上得船来，见船舱拥挤，就不肯坐，把宝贵的座位让给别人，自己在角落杂物堆里找个位置，勉强挤下来站定。渡船到岸，言偃付了双倍的摆渡钱。老船夫非常惊讶地说："先生，你给的钱多了。"言偃毫不在意地摆摆手，说："老人家，你挣点辛苦钱不容易，收下吧。"船靠岸，言偃第一个跳上岸，没有急着走，而是转身把全船乘客一个个搀扶上岸，还不时提醒老人孩子"小心脚下，慢些来"。等乘客全部走空了，言偃才向摆渡老船夫作揖告别。

望着先生远去的背影，摆渡老船夫又疑惑又感动，夸赞道："我摆渡有些年月了，来来往往不知道有多少人乘过我的船，但我的渡船从来没有渡过这样的好人啊！待人和气又大方，实在不是一般人！"后来才知道，他是孔子的得意门生言偃，是常熟城里家喻户晓、人人崇敬的大贤人。

为纪念言偃，后人在这条河上建了一座平板石桥，命名为"大贤桥"，桥下的这条河同时更名为"大贤桥河"，河旁的村巷也更名为"大贤桥村"。至今，北桥的田间地头依然流传着言偃的故事。

陆云"捐饷济民"与相城陆士龙祠

陈景周

南朝宋时，刘义庆《世说新语·尤悔》记载了一个关于"华亭鹤唳"的历史故事。话说西晋"八王之乱"时，成都王司马颖起兵讨伐长沙王司马乂吃了败仗，小人向司马颖打小报告，说军中大将陆机想要造反。司马颖听后勃然大怒，下令将陆机逮捕。陆机因小人陷害而被杀，年仅43岁。临刑时，陆机感叹道："想听家乡华亭的鹤鸣，还能听到吗？"

陆机有个弟弟名叫陆云，跟哥哥陆机一样，从小聪慧有才气。西晋太康十年（289），兄弟俩一起从吴地来到洛阳，名动一时。苏轼在《沁园春·孤馆灯青》词中写道："当时共客长安，似二陆、初来俱少年。"以陆氏兄弟比况自己和弟弟苏辙，兄弟俩从四川眉山到东京汴梁时，也曾轰动一时、名满京城。可惜的是，陆云受到哥哥的牵连，在太安二年（303）被杀，年仅42岁。似乎上天也会嫉贤妒能，让才华横溢的兄弟俩英年早逝。

陆云被杀后，相城一带的百姓在阳澄湖岸边设立一座衣冠冢，将衣冠冢所在村子取名陆墓村，还在相城为他们修建祠庙供奉祭祀，延续至今。相城百姓之所以对陆云如此感恩戴德，是因为他曾在此"捐饷济民"。相城境内的济民塘、济民桥等地名，均是为了纪念陆云"爱民如子"的情怀。明末清初姚士粦《相城记序》云："捐饷济民而捍患，晋司马之遗泽犹存。"民国《相城小志》卷二，记载有陆家湾南岸、陆家湾北岸、陆家场、陆家浜等村庄，还有陆家浜桥，追根溯源，或许其得名也与陆云"捐饷济民"有关。

陆士龙祠，又名陆内史祠、陆云土地庙，现位于相城区阳澄湖镇湘城老街人民街后弄底向东 100 米处。2019 年 1 月，陆士龙祠被列入苏州市第二批吴文化地名保护名录。2019 年 8 月，陆士龙祠被公布为苏州市文物保护单位。祠内供奉陆云像，立有"晋清河内史陆公云"像赞碑。像赞源于苏州城内沧浪亭五百名贤祠，前两句"浚仪解组，画象追思"，说陆云任浚仪县令时政通人和，因郡守妒贤嫉能而辞官，百姓因怀念他特地画像供奉；后两句"龚黄之匹，赍志危时"，以汉代循吏龚遂、黄霸作比况，说陆云怀抱为民造福志向，荒年果断放粮赈济饥民、救活百姓。此外，还有陆士龙祠相关碑刻两方：一方是明成化七年（1471）闰九月徐有贞撰《晋大将军右司马陆士龙祠记》碑，另一方是民国十六年（1927）十二月施兆麟撰《重修陆士龙祠堂记》碑。

《晋大将军右司马陆士龙祠记》记载，陆云，字士龙，吴郡华亭人，先后担任公府掾、太子舍人、浚仪县令等。在浚仪县令任上，政通人和，百姓安居乐业。离任后，百姓对他感恩戴德，建立祠堂供奉。随后，陆云在吴王司马晏那里做郎中令，一心尽忠辅助司马晏。后来，陆云先后任职尚书郎、侍御史、太子中舍人、中书侍郎等，成都王司马颖举荐他任清河内史。司马颖起兵讨伐齐王司马冏时，陆云任前锋都督，司马冏被诛杀后，陆云升为大将军右司马。陆云监督运送支援前线的粮草经过娄县时，看到此地遭遇荒年、粮食歉收，百姓忍饥挨饿、生灵涂炭，于是把本应运送前线的粮食全部用来赈济饥民，拯救了无数百姓的性命。由于耽误了向前线运送粮草一事，得罪了司马颖。这时，他兄长陆机兵败，又遭小人诬陷，兄弟俩一并遇害。陆云祖父、父亲，是三国时东吴名将陆逊、陆抗，对吴地百姓均有功德遗泽。陆云不仅兼备文韬武略，还秉承祖、父辈遗风，大义凛然"捐饷济民"，故而相城百姓对其供奉祭祀延续不衰。明代成化年间，陆云祠庙因年久失修而日渐破败，相城乡贤沈贞吉（沈周伯父）捐资修缮。

《重修陆士龙祠堂记》记载，西晋惠帝时，河洛之间战争不断，陆云督粮过相城，把所督军粮全部用来赈济饥民，百姓得以活命。为报其恩、感其德，百姓不仅修建祠庙供奉祭祀，还将河道取名济民塘，河上之桥取名济民桥。由晋至民国的1600多年中，陆云祠庙历经无数次兴废，最终能够延续后世、历久不衰，功劳在于地方人士的悉心保护和不断修缮。自明成化七年（1471）沈贞吉修缮以来至民国十二年（1923），历经450余年，陆云祠庙因年深日久而破败不堪，曾任湘城市议事会副议长的乡绅姚文澄发出倡议进行重修，先是募集资金，再是捐献己资，筹备充足经费后动工，历时月余竣工。

吕品教子

张瑞照

晋永宁年间，苏州望亭迎湖村有个叫吕品的村民。吕品膝下有两个男孩，大儿子叫吕文，小儿子叫吕武。两个孩子才牙牙学语，吕品的妻子却因患病撒手西去，于是他又当爹又当娘。

吕品是个没读过一天书的种田汉，靠着刻苦钻研的态度，成为远近闻名的种田的一把好手。而立之年的他，看到给人造房搭屋赚钱，他便拜人为师，学到了一手泥工的本事。所以，他农闲不闲，去给人家运砖砌屋。

吕品尽管很忙，但一有空，就会走进迎湖寺，祈求菩萨保佑自己的两个儿子幸福吉祥，以告慰九泉之下的妻子。几年过去了，吕文、吕武两个孩子一天一天长大。

一天，他喜气洋洋去了迎湖寺，面对着菩萨自言自语："谢谢一路上对孩子的保佑，从今以后，我可以让孩子衣食无忧，再不受苦了。"言罢，他磕了三个头，转身离开寺院。

到了大门口，他迎面遇上了住持大通法师。

大通法师见吕品笑容满面，轻轻说了句："施主喜从天降……"吕品惊愕不已："法师，我与你素昧平生，你怎么会知道我心怀喜事？"大通法师坦然解释："佛家偈语云：'命由己造，相由心生；境随心转，有容乃大。'谚语也说：'有心无相，相随心生；有相无心，相随心灭。'这些话说的是一个人的相貌会随着心念的变化而变化，一个人的性格品德、精神气质会在容貌上呈现，仅此而已。"

经大通法师一说，吕品恍然大悟，说出了憋在肚里的心里话："为了孩子，我起早贪黑，含辛茹苦，省吃俭用。多年过去了，如今我终于积攒了足够我孙子辈都花不完的银子，这难道不值得我开心吗？"他见大通法师沉吟不语，便道："难道你不信？"大通法师不紧不慢言道："我信，但你可知古有'儿孙自有儿孙福'这句话，你有必要给他们留下这么多钱吗？"

吕品连连摇手："不不不。不瞒法师您说，我穷怕了，我不能让儿子重蹈我辈穷苦的覆辙。再说，我曾对我妻子保证过，要让孩子快乐幸福。"大通法师沉吟了一下，语重心长地说："子若强于你，那么你没有必要给他们留下这么多银子，因为贤能之才拥有过多钱财，会消磨人的斗志；子若不如你，那么，你也没有必要留钱给他，因为愚钝之人拥有过多钱财，会增加他的过失。"

吕品听了大通法师的话，久久未语。回家后，他一连三天茶饭不思，反复品味大通法师所说的每句话。到了第四天，他豁然开朗，自言自语道："法师说得对，说得对！"为此，他开始琢磨两个儿子的性格特点。大儿子吕文善良懦弱，温柔寡言，他觉得应该培养他识文断字，长大之后考功名，为国效力。二儿子吕武肩膀宽，胳膊粗，身材魁梧，他觉得应该培养他习武，让他长大之后赶赴疆场，尽忠报国……总之，他要让自己的两个儿子日后出类拔萃，光耀门楣。于是，吕品把大儿子吕文送进私塾求学，把小儿子吕武送武术馆弄刀舞棍，希望孩子们可以学有所成，将来成材成器。

可事与愿违，大儿子吕文进了私塾之后，见班里有两个学生下课时演唱戏文，博得了伙伴们的交口称赞，痴迷上了唱戏。回家之后，他不写字作文，反而练起了戏步唱腔，乐此不疲。小儿子吕武进了武术馆，看到先生闲时变魔术哄孩子开心，痴迷上了江湖上千变万化的"戏法"。到了家中，他还演给父亲看，真让吕品哭笑不得。

一次，吕品憋不住胸中怒火，对两个孩子斥责道："你俩一个不好好学文，一个不好好练武，辜负为父的良苦用心。"言罢，令两个儿子跪下，操起棒子一阵抽打。两个儿子哭泣着求饶:"日后再也不敢了。"吕品立马丢了棒子,伸出双臂,紧紧抱住两个孩子,心一酸,忍不住大哭起来:"乖孩子,别哭别哭,只要日后改正,还是好孩子……"此时,他像生怕孩子会像小鸟似的飞掉,把孩子搂得更紧。

然而没过几天,两个儿子把当初的承诺忘得一干二净,继续我行我素。

两个儿子如此阳奉阴违,让望子成龙的吕品心灰意冷。他觉得对不起九泉底下的妻子,走进了迎湖寺,双膝跪下,祈求菩萨保佑自己两个儿子改弦易辙,步入正道……

这天,他跪求菩萨后跨出寺院大门,迎面又遇上了大通法师。吕品想到了什么,迎了上去,向大通法师施礼之后,开口问道:"大师,你能看出我心中有烦恼之事吗?"

大通法师举目一看吕品愁容满脸,双手合十,连连点头道:"相由心生,说的是一个人面相的好坏与其心灵的变化相应,心决定性叫心性,性决定命叫性命,命决定运叫命运,运决定气叫运气,气决定色叫气色,色决定相叫色相,相决定貌叫相貌。而相貌是能改变的,积善行德,而明白自得,心宽体胖是指心胸开阔外貌就安详,任何福报都有其必然的成因。你的容貌告诉我,你心事重重。"

吕品觉得法师的话入木三分,于是把自己胸中心事向他和盘托出,末了说:"佛能降福于人,所以我信佛,为了两个儿子我一有空就虔诚礼佛。如今我的两个儿子不思上进,碌碌无为……"大通法师说:"你这么虔诚向佛,佛当然会降福于你,佛是有无穷智慧,但佛不是你所说的有无所不能的法力啊。"

说到这里,大通法师想到了什么,把吕品领至望湖湾畔的长洲亭,面对太湖的滚滚波浪,侃侃而叙:"水是五行之首,万物之源。天下柔弱莫过于水,水善利万物而不争,水往低处流,处善地位,这些既是水之道,也是柔弱之求,但水滴石穿,柔能克刚……"吕品听着听着,恍然大悟:"那不就是对儿子要耐心开导,让他们孜孜以求吗?"大通点了点头:"你说得对,不过,务必持之以恒,周而复始……"

吕品沉吟了一下，点了点头。回家之后，他教导大儿子吕文要好好读书，小儿子吕武要勤于习武，勉励他们只要努力，就会有成功，成功往往在再努力一下的奋斗之中，并把过去自己无有师长，之后拜师造房砌屋的事一一讲给儿子听。又过了几年，吕品果真见两个儿子大有长进。大儿子吕文见父亲年纪大了，为了生活，去了一家店铺做了账房；小儿子吕武进了县衙，当了衙役。吕品作为父亲，见儿子的工作虽然不尽如人意，但能自食其力，心里着实欣慰。

俗话说，机会总是留给有准备的人。有一年，朝廷广纳天下人才，吕文经人荐举，被纳为大夫；吕武入伍为卒，通过武试，成为副将。眼见自己两个儿子成材成器，吕品忍不住大笑："妻子啊，你看到了吧，我们的两个儿子出类拔萃，终于成为栋梁之材了。"

吕品的话传到大通法师耳里，法师甚是为他感到高兴，连念："阿弥陀佛。"

紫黑脸的武烈大帝

周孙卉

　　庙里的泥塑菩萨像大多慈眉善目、嘴角含笑，脸色一般是白色、粉色或者金色，看上去圣洁又亲切。苏州北桥觉林寺内供奉的一尊塑像却满脸紫黑，怒目圆睁。他是谁？为何如此与众不同？

　　故事要从南朝说起。南朝陈国有个常州晋陵人，姓陈，名杲仁，字世威，从小饱读诗书，天康元年（566）考中进士，官至大司徒。他心思机敏，谋略深沉，处事勇敢果断，号称"八绝"，即：忠、孝、文、武、信、义、谋、辩。

　　有一年，陈杲仁的岳父沈法兴起了叛逆之心，准备起兵造反，但深知女婿陈杲仁不会答应。于是，他假装生病躺在床上，派仆人急匆匆跑去报信。陈杲仁没有多想，赶紧跟着仆人到岳父家探望，嘘寒问暖一番，岳父很礼貌地留陈杲仁吃饭。陈杲仁吃着吃着，觉察身体有异，想到饭菜里可能下了毒，赶紧找个借口，快马加鞭赶回家，请医生治疗。医生用药水给他清洗肠胃，竭力抢救，可惜没有救过来。在剧烈的疼痛中，陈杲仁怒目圆睁，满脸紫黑，气绝身亡。沈法兴假惺惺哭了一场，暗自得意，以为阴谋即将得逞，便率领大批士兵攻城。

　　就在这时，原本万里无云的晴朗天气，忽然黑云滚滚而来，遮天蔽日，大白天瞬间成了黑夜。紧接着，天空中出现了一个人的影子，酷似陈杲仁。大家正在惊疑，只见影子拉满弓，"嗖"，一支箭从天而降，正中沈法兴的胸口。沈法兴惨叫一声，从马背上摔下来，当场毙命。周围的叛兵们吓得魂飞魄散，争抢着四散逃命，一场叛变顿时平息。事情传开，朝廷上下都称赞陈杲仁生时做人杰，死后为鬼雄，护国威灵神勇无比，于是封他为忠烈公，后来又封他为福顺武烈王、武烈大帝。

民间传说，在南唐时期，越军进攻常州，常州告急，大将柴克宏奉命率兵支援，路过陈杲仁的祠堂时，进去跪拜祷告，恳请庇佑。当天夜里，柴克宏做梦，梦见陈杲仁对自己说："放心，我会派神兵暗中帮助你。"几天后，不知道从哪里冒出来一群黑牛，哞哞叫着冲入越兵阵营，牛角尖利如剑，牛蹄坚硬如铁，踩翻敌军帐篷，跳进水里撞翻敌船，所向披靡。柴克宏跟在黑牛后面，大败越军。

苏州北桥百姓敬奉陈杲仁，是因为另一个传说故事：隋炀帝杨广在位期间，苏州持续大旱，粮食连年歉收，百姓在饥饿与死亡之间挣扎，苦不堪言，而朝廷依然按照历年惯例向各地征税纳粮，征收的数量丝毫没有减少。当时，陈杲仁担任大司徒，是主管国家财税收入的最高官员，他以怜悯苍生、实事求是的态度，向朝廷奏请免征苏州的赋税并赈济灾民，遭到拒绝。一般官员遇到这种情况，就因为无能为力不再出头，但陈杲仁勇敢正直，他毅然接连两次递上奏章，措辞一回比一回激烈。隋炀帝大怒，给他送去一壶鸩酒。如果他赶紧认错求饶，也许尚有活路，但他怀着最后一线拯救百姓于水火的希望，端起毒酒一饮而尽，很快毒发身亡，脸色紫黑，怒目圆睁，死不瞑目。消息传来，隋炀帝愣住了，毕竟陈杲仁当年亲自制作高过城头的云车攻下南京城，保住了自己的皇位，还曾与人合谋擒住叛军，出生入死帮助自己稳住了江山，是国家的有功之臣，如今为了减免税赋而大义赴死，其心之诚令人感动。于是，杨广下旨，遵从了陈杲仁生前的建议。陈杲仁的事迹从此在苏州民间口口相传，灾情最严重的相城区北桥一带的百姓尤其感激他，特意造了一尊他的塑像供奉，塑像脸庞紫黑，暗示其死因，永志纪念。以个人宝贵生命换取苍生福祉，令人敬佩。

　　根据北桥镇陈武烈帝庙石碑碑文所记，庙几经兴废，但北桥百姓从没忘记他。1999年，当地群众集资重建觉林寺和陈武烈帝庙，庙内伽蓝殿内重塑陈杲仁像，每逢初一、月半及每年三月十七日陈杲仁生日，当地百姓都自发到这里烧香祭拜，隆重举办庙会，纪念这位为民请命、护佑一方平安的忠臣良将。

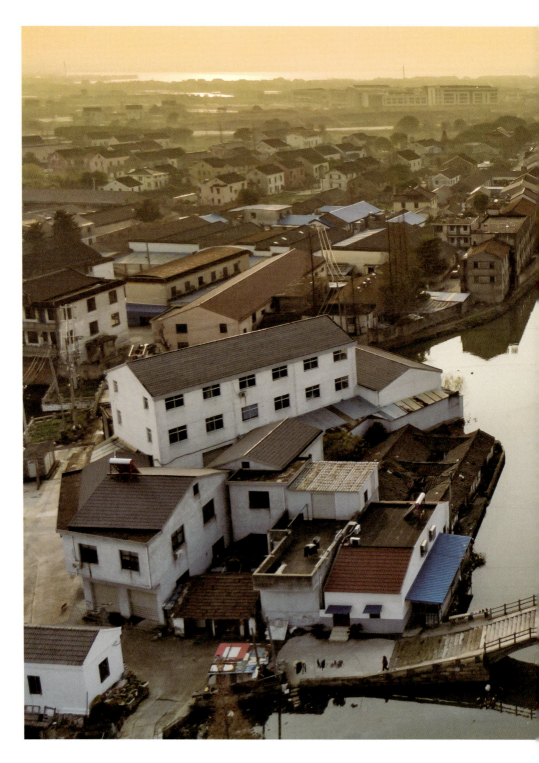

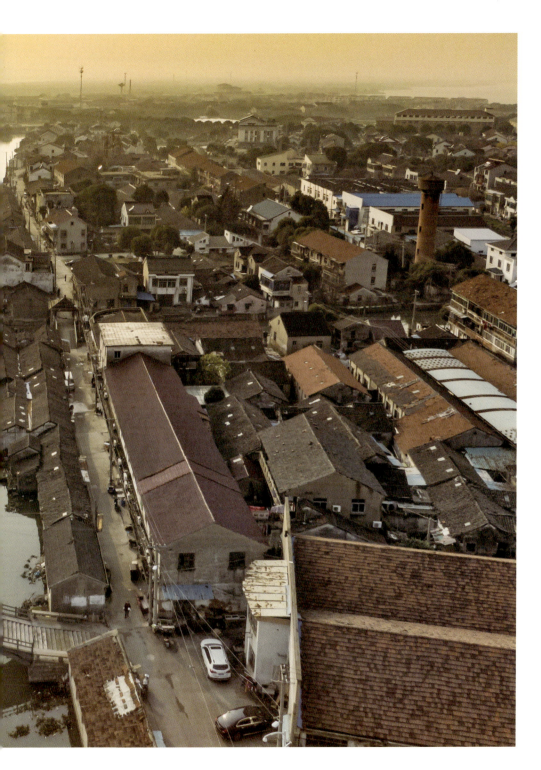

尤家有匾传后世

周彩虹

在苏州相城区北桥街道，有一条人尽皆知的尤西街，街上有一个诗礼簪缨之家——尤氏家族。

宋天禧二年（1018），常州著名的书画家尤叔保因避难来苏州，居住在长洲西禧里，就是现在的北桥街道。他的后辈子孙在这里繁衍生息，形成了尤西街。

这个尤氏家族可不一般，贤人辈出，宋明清历代都有大官在京城任职。

始祖尤叔保，宋代书画家，为人正直。其后裔尤辉，于北宋哲宗绍圣元年（1094）考中进士，官至观文殿大学士。他出资修复北桥永安寺（觉林寺前身），为寺庙保存了丰富的文化遗产和历史遗迹。第十四世裔孙尤安礼，于明建文元年（1399）中举人，官至贵州布政使参议。他洁身自好，轻财重德，隐居北桥后生活贫寒。第十六世裔孙尤淳，于明景泰四年（1453）中举人，官至吏部侍郎。他勤政爱民，在任期间为百姓做过很多实事，平反冤案错案、开仓放粮、立义塾，让贫寒子弟免费上学。第二十世裔孙尤锡类，于明万历八年（1580）中进士，官至云南布政使，淡泊名利，一生勤政清廉。

尤氏家族其他青史留名的子孙还有南宋工部侍郎尤著、明初湖广布政使尤义、明太仆寺卿尤樾、清代戏曲大家尤侗、清光绪年间办新式学校（北桥中心小学前身）的尤云伯等。

尤西街的尤氏建筑，原来有三进厅堂，正门有"门当"与"户对"，门前有下马石，街前靠河有三间平房，中间有水门河滩，正厅在北桥镇上最大。在第二进正厅上原来挂着一块匾，上面赫然写着"承启堂"三个大字。街上的老人都知道，这是大学士刘墉送给历代做官的尤家人的，意思是赞扬尤家承前启后，历代为官，忠诚朝廷，清正廉洁，为国效劳，为国尽忠。

刘墉怎么会赠匾给尤家呢？

刘墉（1719—1804，又作1720—1805），字崇如，号石庵，人称"刘罗锅"，山东诸城人，是清代乾隆时期的政治家、书法家、文学家、史学家。他从小就受到良好的教育，当官后更是清廉爱民，受到老百姓的衷心爱戴。所以对于那些为官廉明之人，刘墉也是打心底里佩服的。

他在京城述职时，听说了苏州北桥镇尤氏家族是官宦之家，历代做官之人都是厚德守信、廉明公正的。特别是尤氏家训"家之兴替，在于修身守礼、厚德守信、勤学不辍，无关乎富贵荣华"，更是让刘墉大为赞赏！

于是，在他任江苏学政时，就到苏州察访，专门到北桥镇上拜访尤氏家族，并亲笔题字"承启堂"赠予尤家。尤家上下倍感荣幸，他们把这块匾挂在第二进的正厅上方，以此来勉励子孙后代诚实守信、勤政重学、为国为民。

尤家子孙遵循先辈的鞭策，确实也做到了。

革命烈士尤成美1939年入党后就在北桥家乡开展抗日活动，组织"青抗会""少抗团"等群众抗日团体，还组织"抗日文艺宣传队"宣传和发动群众，出版了地下抗日刊物《光明报》。1941年，尤成美不幸被捕，日军软硬兼施，用尽酷刑，但他始终英勇不屈，使敌人一无所获。他最后被杀害时年仅21岁。

民国时，尤家人曾在厅上办过学堂，做过戏馆，造福北桥人民。那块"承启堂"的牌匾似乎也在静静聆听着岁月的声音。

新中国成立初期，尤氏的后代尤菊如、尤锦平等人知道"承启堂"这块匾额的意义，把它保管得很好。可是，"文革"中，该匾被毁掉了。

现在，"承启堂"这个匾额早已不在，但吏部尚书刘墉亲自题字赠匾给尤家的故事，依然在北桥民间传颂着。

况钟北桥访隐士

金建英

　　明代苏州知府况钟，是一位清官，因家常食青菜豆腐，有"豆腐汤"的称号。他抚吴期间，还跟北桥的尤安礼有一段传奇佳话。

　　况钟（1383—1443），字伯律，号龙岗，又号如愚，靖安（今江西省靖安县高湖镇崖口村）人，出身小吏，明宣德五年（1430）任苏州知府。他是一位受百姓尊敬的清官，苏州人民称他为"况青天"。妇孺皆知的昆剧《十五贯》，就是歌颂况钟的。

　　当时，况钟到京城述职，在拜谒内阁首辅杨士奇时，杨士奇关切地打探："苏州府长洲县有个尤安礼，为官清廉，勤政亲民，因病返回故里，不知他近来起居如何？"

　　尤安礼是谁？况钟一时语塞。杨士奇说："你作为一名廉吏，居然不认识他吗？"因为不知自己所辖境内有此名士，况钟只好讷讷告辞。

　　尤安礼，字文度，尤义之子。尤义，字从道，长洲西禧里（今相城区北桥街道）人，曾担任枢密掾，元朝末年，避居故乡，潜心读书，致力耕作二十余年。明初洪武年间，尤义被举荐，担任湖广布政司经历，后以毕生精力撰写《元史辑要》，以廉谨称世。明建文元年（1399），尤安礼举乡荐，授崇安县教谕。历任兵部郎中，后授贵州参议，到任不久，以病辞官还归故里。由于家教良好，尤安礼性情纯良，学问深厚，小的时候跟从父亲宦游湖北武昌时，就与当时的名士杨士奇、杨溥交游，德业相励，诗酒往来。

杨士奇（1366—1444），初名寓，字士奇，号东里，是明代重臣、知名学者。曾官至礼部侍郎兼华盖殿大学士，兼兵部尚书，历任五朝，作为内阁辅臣任时达四十余年，任内阁首辅二十一年。他与共同辅政的杨荣、杨溥，被誉为"三杨"。"三杨"当中，杨士奇以"学行"见长，曾先后担任《明太宗实录》《明仁宗实录》《明宣宗实录》总裁。

杨士奇赠尤安礼的诗作不少，他们曾经一起游赏东山，留下诗作。其中有《送尤安礼》的古风一组，一写就是五首，足见杨、尤二人的交往情谊深厚。

明代讲求道德文章和性理之学，尤安礼对同学陈某的托孤，义无反顾地接纳照顾，并且让弟弟的孩子与之结成姻亲，不食言于亡友，真称得上是可托付之人。"慷慨一诺重千金"的品格实在令人钦佩，所以，杨士奇十分牵挂尤安礼，委托况钟去探望他。

况钟本来并不知道北桥镇上有此奇士，回到苏州，顾不上旅途劳累，立即要到北桥镇上去寻访尤安礼。

为了不惊动地方官员，况钟决定微服私访。他雇了一条船，上午从苏州城里出发，傍晚就到了北桥。况钟心想，京城要员如此关心尤安礼，可见尤安礼不是一般的人物，在这个小镇上应该是个有名望的人，应该不费吹灰之力就能找得到。

谁知况钟上了岸，在北桥街上逢人就打听，就这样来来回回兜了几圈，没有人知道尤安礼这个人。眼看天要黑了，况钟决定在镇上住一宿，明天继续寻访此人。况钟在旅舍却是怎么也睡不着，想来想去想不通。想到半夜三更，他觉得尤安礼是如此低调，怪不得杨士奇如此挂念他，想到这里，况钟对尚未谋面的尤安礼，心中增添了几分敬重，迷迷糊糊地睡着了。

第二天，天蒙蒙亮，况钟又上街耐心打听，询问乡民。这回他专找上了年纪的人打听，年纪大的人熟悉本地历史，相对容易问出结果。果然，况钟从一位老奶奶嘴里，获得了线索，老奶奶说："我家隔壁人家的墙壁上，曾经挂过一顶纱帽，或许即是此家了。"况钟就按老奶奶的指点，走进这户人家拜访，果真就是尤安礼家。

况钟见尤家门庭陋隘，知道他十分贫寒。况钟说明来意后，尤安礼说："大人，你的好意我心领了，我无以回赠，念几首诗给大人听吧。"

尤安礼清了清嗓子，抑扬顿挫念了起来："虽无经济才，沿守清白节。"告诫自己的儿子："非财不可取，勤俭用无竭。"

况钟听了，心中诧异，这不是自己写的《示诸子诗》么？况钟为官清廉，他希望儿子像自己一样有俭约律己的生活态度，特地写了这诗。尤安礼把这诗念给作者本人听，所为何意？

况钟正要问，尤安礼又念了两首："清风两袖朝天去，不带江南一寸棉。惭愧士民相钱送，马前洒泪注如泉。""检点行囊一担轻，长安望去几多程。停鞭静忆为官日，事事堪持天日盟。"

这两首诗也是况钟的作品。尤安礼念罢，说："大人，我少学才弱，不能像大人你一样担起造福一方的重任，但大人的一身清白还是能学的。"

况钟站起身，对尤安礼深深一揖，动情地说道："尤先生高风亮节，钦佩，钦佩。"

况钟返城后，想给尤安礼安排个官职，被尤安礼回绝了。况钟还打算分几亩官地、赠些金银给尤安礼，保障他家基本生活，尤安礼仍是执意不受。

一代名士尤安礼就这样清贫持志，读书育人，终老于北桥的小镇上。

在苏州沧浪亭内的五百名贤祠中，就刻有他的遗像，并有四句赞诗："正色闲邪，义风信友。不居显官，虚衷自守。"这是很高的评价，恰如其分地总结了尤安礼的一生。

祝允明使计惩奸商

张瑞照

　　明正德年间，皖南来了个名字叫范锦的商人，在大街上置了十几间屋，取名裕丰粮行，做起了大米买卖。每到丰年，他筹钱囤积居奇，到了荒年灾月，他就从木斗上动脑筋，克扣粮食斤两。更为可恶的是，他为了多赚几个钱，搜肠刮肚，在大米里掺杂泥沙、注水……达到了丧心病狂的地步。

　　有的客户在裕丰粮行上当受骗后，去与他理论，范锦有时装聋作哑，有时矢口否认。有的客户去长洲县县衙告他在经营大米中的欺诈行为，长洲县汪县令因事先受了范锦之贿，不是以证据不足为由撤案，就是轻描淡写，大事化小、小事化了，不了了之。

　　祝允明听人说范锦是个为了银子什么伤天害理的事都会做的奸商，起初不信，认为这兴许是民间口头相传，以讹传讹。有一年，新米上市，他吩咐家人去望亭进米五石，买回家中慢慢享用。可当家人把米买回了家，祝允明拿着大秤一称，发现短少了五十斤之多，一问家人，说这大米是在范锦裕丰粮行购得的。

　　没过几天，文徵明嫁女至望亭，邀请祝允明参加婚宴。祝允明途经裕丰粮行时，对着掌柜范锦说："你这么做生意，总有一天会被县衙公差把屁股打得肿起来。"范锦不认识祝允明，仗着自己与汪县令有私交，盛气凌人道："你这个人嘴巴放干净点，我做生意是我的本领，你见人家发财，眼红了吧。你再胡言乱语，我告你诬陷罪，把你的屁股打肿才是。"祝允明长叹一声："我是好言相劝，不想你执迷不悟。"言罢，抽身就走。

范锦气呼呼地朝着祝允明的背影大骂："你真是吃饱了撑的，竟敢与我作对！"一旁有人认识祝允明，对范锦说："你别小觑了刚才那位先生，这人是苏州有名的文豪祝允明。"范锦大言不惭道："姓祝的算老几，总有一天，我要他跪下来向我求饶。"

范锦的话祝允明听得清楚，心想这个奸商实在狂妄，应该上告至县衙汪县令那里。可在与文徵明饮酒闲谈中，祝允明得知，汪县令爱财如命，雁过拔毛，不仅不时借机敲诈百姓钱财，而且与裕丰粮行掌柜范锦称兄道弟。范锦靠粮行赚了钱，每年年底都要前去汪县令那里"孝敬"一笔，所以范锦与汪县令虽一个经商，一个当官，却是一丘之貉。

听了文徵明的话，祝允明为了求证此事，从家里取了一面铜镜，用块绸绢包了之后，去了县衙。汪县令一听文豪祝允明前来拜访，而且见他拿了一样包有绸绢的东西往台桌上一放，便乐得嘴也合不拢，连连说："我们都是读书人，何必如此破费？"

两人到了里厅，汪县令打开绸绢包裹一看，是一面锈迹斑斑的镜子，立马沉下脸，冲着祝允明说："你用这个来戏弄本官，安的是什么心？"祝允明开门见山道："望亭来了个皖南奸商范锦……"汪县令还未等祝允明把话说完，便说："你要向本官告状，送礼不送礼，我不在乎，你又何必用这破铜镜来戏弄本官，岂有此理！"

祝允明见汪县令一本正经，于是解释道："汪大人，你有所不知，我送镜子是有道理的。你已为官多年，想必早已家财万贯，囊中根本不缺银两，所以我考虑再三，送你铜镜一面，为的是要大人为官公正，断案如神，如同明镜……"汪县令一听祝允明话中有话，恨得咬牙，说："姓祝的，你无非要本官惩罚粮行掌柜范锦。为百姓办案，讲的是证据，没有证据，只凭你无中生有的指控，弄不好会造成冤假错案……日后，本官一旦离开长洲县，百姓会指着我的后脑勺骂！"言罢，他说了声"送客"，丢下祝允明，径自拂袖而去。

祝允明望着汪县令的背影，知道通过告官来惩办奸商范锦一路不通，只能另想他法。

一天，祝允明途经长洲县衙，见衙门里面搭起了红红绿绿的彩棚，进进出出的人衣冠楚楚，有的手中提着系彩带的礼篮，有的挑着贴了红纸的礼箱……川流不息。他感到好奇，上前一问，原来是汪县令给父亲做六十大寿。

祝允明知道汪县令如此大张旗鼓为父庆寿，无非想借机敛财，于是心生一计。

当天，祝允明与家人乘船去了望亭，并在范锦开的裕丰粮行隔壁的天天酒店坐了下来，约了当地几个文人，一起饮酒谈天。谈着，谈着，祝允明见裕丰粮行的伙计走了过来，突然一拍台桌，说出了一件事："今天，县城发生了一件丧事，不少当地达官贵人先后前去……不知诸位可要前往？"

几个文人便问祝允明，是谁操办丧事，如此兴师动众？祝允明道："汪县令的老父昨晚不幸撒手人寰……"那几个文人于是你一言、我一语地说开了："我们才不会送给这狗官一分银子哩。"祝允明见旁边裕丰粮行的伙计竖着耳朵在听，解释道："汪县令老父去世，去不去送丧，任凭各位……"

裕丰粮行那伙计听到这里，回到粮行报告范锦。范锦一听，认为这是巴结汪县令的好时机，立即吩咐伙计去备了一份厚礼，挑选了四男四女八个伙计，乘船进城。

上了河埠，范锦吩咐手下八名伙计穿上孝衣，抬着丧葬礼品，吹打起哀乐，前往县衙。一进大门，范锦双膝跪地，号啕大哭。他家中几个伙计见状，先后也"扑通"跪地，干号起来。

范锦哭声最响，哭了一会儿，唱起了送丧山歌：

汪太爷你撒手去天堂，

我心里难受泪儿淌。

祝你黄泉路上步走好，

阴曹地府也是荣华富贵好风光。

……

县衙公差见来者一进门跪地就哭，接着又唱起送丧山歌，而且哀乐声声，掉头拔腿去报告在后厅歇息的汪县令。汪县令气得面孔一会儿红、一会儿白，心想是哪个混帐，前来寻衅闹事，难不成吃了熊心豹子胆？为此他大喝一声"升堂"，吩咐公差把闹事的一伙人押去大堂。

范锦见公差来抓他和家人，一下子呆若木鸡，弄不清楚是怎么回事。

长洲县县衙审理裕丰粮行掌柜的事一传十，十传百，很快传开了。大家感到奇怪，纷纷前去看热闹。祝允明也挤在人群之中。

大堂上，汪县令怒火中烧，心想，范锦这家伙想做人，却生了一副狼心狗肺，他过去在大米买卖中一直犯事，自己不时出面给他顶着，今天自己父亲做寿，他却带了人来扰局，真是"恩"将"仇"报。想到这里，汪县令惊堂木一拍，厉声斥道："姓范的，本官孝字当先，给家父庆祝六十大寿，你带了人来县衙哭丧，还唱起了哭丧山歌，居心何在？"

范锦张口结舌，不知所云。

祝允明一见汪县令训斥奸商范锦，高声言道："大老爷啊，你不可心慈手软啊，对这种人渣，应该打，狠狠地打！"

一旁群众议论纷纷："对，要打，不然他脑子不会清醒！"

范锦觉得起哄之人声音耳熟，抬目一看是祝允明，气得两眼发白，大气直喘。

汪县令这次顺应民意，说："姓范的，你竖起耳朵听听大家的声音，看来不打你不足以平民愤。来人，先打他个三十大板！"

公差把范锦掀倒在地，剥去了他的裤子，"噼噼啪啪"一顿打，直打得范锦像杀猪似的嗷嗷惨叫。然而，汪县令还不解气，给范锦带上枷锁，把他打入大牢，反省三日。

看热闹的百姓见一向趾高气扬的范锦受了惩罚，出了胸中一口怨气，齐声叫好。

　　祝允明此时想到了什么，从怀里取出一锭银子，对汪县令说："汪大人，你今天公正执法，真是包公再世。为了以儆效尤，本人想买下刚才执法责打奸商范锦的那根板子，大人以为如何？"

　　汪县令第一次听到有人说他是公正不阿的清官，乐不可支，当听到祝允明要买下这根板子，一口应诺。

　　祝允明拿了这根板子，悬挂于市，百姓见了，无不欢欣鼓舞。

写信找证据

张瑞熙

明代画家文徵明设计找证据，救了渔民曹老汉一命的故事，在漕湖一带乡民中广为流传。

一年，大雪纷飞，漕湖白茫茫一片，文徵明去那里画雪景。刚坐到湖边柳树下的石条上，正要操笔，只见有个老汉步履蹒跚向他走来，对他说："文先生，你是个读书人，烦你帮我写份遗嘱。"

文徵明举目一看，是漕湖渔夫老曹。老曹尽管饱经风霜，但鹤发童颜，体魄健壮，为此文徵明感到不解，说："您老身板硬朗，为何急着要写遗嘱？"

曹老汉于是一五一十地讲出了缘由。

曹老汉世代在漕湖以捕鱼捉虾为生，省吃俭用，积攒了三百两银子。他儿子二十八岁了，好不容易托媒婆说上了个姑娘。他准备明年择个吉日，让儿子成亲，了却心头一件大事。

昨天，黄埭镇上的渔行陈老板急需一笔资金周转买卖，向他借银三百两，言明借期一年。曹老汉心地善良，经不住陈老板死皮赖脸地纠缠，于是想，自己的银子要明年才用，现在闲搁在家，与人方便也是为日后自己方便，所以将银子悉数借给了陈老板。他把陈老板写的借据放在衣服口袋里，可是第二天，妻子在洗衣时，不慎将借据弄糊了。望着被破坏的借据，曹老汉傻了眼，急得如同热锅上的蚂蚁。妻子也想不出什么补救的办法，只能怪怨自己粗心大意。

万般无奈之下，曹老汉跑到了地保那里，请他为自己拿个主意。

地保一听，大惊失色，说："黄埭渔商陈老板投机钻营，唯利是图，这在漕湖一带家喻户晓。你借给他银子，要是证据没了，他怎么也不可能再还你银子。你呀，只能自认倒霉。"

曹老汉听完，如同五雷轰顶，心想：如果去黄埭陈老板处重新要借据，好比猴口里挖枣，狗嘴里夺食。要是这银子没了，自己儿子的亲事就会泡汤。思前想后，他无颜回家，只能准备写下遗嘱，交于地保后，在此了却此生。末了，曹老汉道："文先生，好死不如赖活着，这个道理我懂。可是我如今是船头上跑马——无路可走，老鼠跌进了猫窝——只求一死……"

救人一命，胜造七级浮屠。文徵明苦口婆心地劝说："天无绝人之路，办法总比困难多。"接着，他想了想，问："渔商陈老板向你借钱时，还有第三个人知道吗？"曹老汉说："只有我儿子知道，但这是陈老板将三百两银子借走之后，我才告诉他的。当时儿子埋怨我，不该将钱借给这个奸商。我还批评他：'你们年轻人，见识短，人生在世，谁没个困难。旁人有难，理应出手相助。'"

文徵明沉思片刻，突然眼前一亮，说："你可以向陈老板再要一个证据，这事不就解决了。"曹老汉以为文徵明才思过人，定有什么高见，现在一听，一丈水退掉了八尺，连连摇头，苦笑着说："向借钱的人要证据，难；陈老板是个唯利是图之辈，向他再要借据，难上加难。"

"不管难不难，只要再有证据，就能将钱要回来啊，不然，就会像断线的风筝，没了指望。"文徵明解释说，"我现在帮你写封书信给陈老板，说你家中妻子生病，请医抓药，急着用钱，请他尽早归还你三百五十两银子……"

曹老汉是个老实人，一听，连连解释："我老婆好好的，没生病呀？再说我只借给陈老板三百两，哪来的三百五十两，这不是诈人银两吗？如果这样的话，陈老板更不会补我借据了。"

文徵明见曹老汉不开窍，解释说："你去信向陈老板催讨纹银三百五十两，他必定会复信给你说明自己只借你银子三百两，这样，你不就有了证据吗？"

此时曹老汉方始大悟，连连点头称是。

于是，文徵明举笔帮曹老汉撰写了一封信。曹老汉拿了这封书信后，急忙赶回家，叫老婆卧床装病，尔后托人将这封书信送去了黄埭镇渔行陈老板家。

渔行陈老板看到曹老汉的来信，果真立即写了封信回复。信中说："……你妻生了病，问我能不能提前还你银子，恕我不能让你如愿，因为现在时逢春节，正是买卖鲜鱼的旺季，我把你这笔钱作为本钱投了下去，一时不能变为现银，再说我向你借钱的期限是一年，按照预先约定，一年后我才会还你本息。至于你来信说我借你纹银三百五十两，你搞错了，我借你的是纹银三百两，你不信，可以去看我写给你的借据。你可别张冠李戴，把人家借你的钱，硬说到我的头上。"

曹老汉拿了这封信后一看，一颗悬着的心终于踏实了下来。第二年，曹老汉拿着这封信，去向渔行陈老板要回了银子。为此，他对文徵明感激不尽，逢人便说："是文先生救了我一命。"

申时行授计揭骗局

张瑞照

　　明代申时行（1535—1614），字汝默，号瑶泉，晚号休休居士，长洲人，嘉靖年间状元，官至吏部尚书、建极殿大学士。

　　申时行为官清廉，公正不阿，而且善于辨别真伪，为百姓排忧解难。晚年，他曾多次至望湖湾游览，书写诗篇，抚今忆昔。一次，他至望湖湾宅基村，忽听一旁竹丛之中有啼哭之声，循声前去一看，一男一女两个年轻人相拥而泣，他便问这二人为何事伤心。

　　两位年轻人是附近迎湖村村民，男的叫许诚，女的唤矫婷，新婚燕尔。只因许诚误伤他人，无力负担伤者医疗费，被伤者状告，不久将被打入大牢。夫妻俩从此分离，何年何月再度聚首，实在难料，为此，两人决定跳湖自尽，以此向伤者谢罪。

　　申时行听了，遂道："既然已知有罪，何不去衙门投案，兴许可以轻判，为何选择轻生？"

　　这对新婚夫妻见申时行这位老者慈眉善目，似欲一究到底，于是你一言，我一语，把如何伤及他人、落得一贫如洗的事一五一十地讲了出来。

　　原来许诚的父母是渔民，过早撒手西去，给他留下了两艘七桅渔船和望亭街上的一家渔行，所以家境殷实。

　　前不久，地保做媒，给许诚介绍了个邻村迎湖的姑娘矫婷，两人初次见

面，一见钟情，并商量准备在年底择日成亲。

一日，风和日丽，许诚与矫婷两人去望亭街上买布，而后去祥记裁缝店量身做衣，行至市梢的一条弄堂口，许诚便与矫婷分手。许诚才走了百步路，忽听得身后传来未婚妻矫婷呼救之声。他立马转身拔步赶去一看，只见一个衣衫褴褛的中年人正拦着矫婷。仔细一问，原来矫婷与自己分手之后，往村里走去，在转弯处走出一个手持瓷钵的中年男子，两人撞了个满怀。那中年男子叫鲍狗子，刚来到望亭不久，在一家茶馆做事，方才应客人所求，去面馆买面。因与矫婷相撞，手上的瓷钵失手掉地，摔得粉碎。男子立马张开双臂拦住矫婷，要求赔偿。矫婷一摸口袋，身无分文，因此想回家取钱赔偿。谁料男子怕她逃跑，伸手相拦，二人因此起了争执。矫婷好比秀才遇着兵，有理说不清，只得呼声求救。

许诚看了眼这只瓷钵，估计最多值两枚铜钱，便从怀中掏出十枚铜钱递了上去："这些钱足够你买五只瓷钵了吧？"中年男子接过钱，往口袋里一塞，口中依然喋喋不休："你当爷是叫花子啊，只给十枚铜钱就想打发了。这瓷钵可是我祖上传下来的，一代一代传到我这一代，已经是十八代了，你想以十枚铜钱搪塞了事？"许诚与他理论，鲍狗子充耳不闻，径自历数瓷钵之珍贵。

正在这时，不远处奔来个矮胖年轻人，自称叫李昌。李昌问到底发生了什么事，此时鲍狗子说鲍狗子的理，许诚说许诚的理，争得脸红耳赤。李昌听了半晌听不出谁对谁错。此时矫婷站出来说了话，李昌才恍然大悟。李昌对鲍狗子道："那你要多少钱才能善罢甘休？"鲍狗子伸出了三根又短又粗的指头。李昌道："是三枚铜钱，还是三两银子？"鲍狗子摇摇头，狮子大开口："三十两银子，一两也不能少，否则我没完没了。"李昌返身对许诚道："为了息事宁人，我看你就给他吧。"不想许诚犟得像牛："他分明是使诈，敲我竹杠。我已给他十枚铜钱，要想多一枚也不行。"一旁的鲍狗子一听此话，勃然大怒，对李昌说："你劝也劝了，看来这人是有钱不肯花的守财奴，他既然不肯给你中间人面子，我与他了结此事。"言罢，"嗖"的一声，从怀中拔出一把匕首，向许诚刺去。

李昌见状，抢先一步，三下五除二，从鲍狗子手中夺过匕首。不想李昌一个不慎，刀脱手掉下，落在许诚身边。许诚生怕刀被鲍狗子夺去，俯身拾起。鲍狗子见状，对李昌道："你这人怎么护着姓许的，把矛头对着我这个穷汉子？"言罢，不顾一切向许诚扑去。许诚出手相挡，不想突然鲍狗子"哇啦"一声惨叫，趔趄几步，跌倒在地。

李昌与许诚、矫婷移目看去，立马被眼前发生的一幕惊呆了，只见鲍狗子双目紧闭，口吐白沫，胸口的鲜血不断往外直冒，一会儿湿了衣衫一大片。矫婷脸如土色，不知所措："怎么办……"许诚一脸沮丧，念念有词："我杀了人了，杀了人了……"李昌对许诚、矫婷道："听说两位正在筹备婚事，马上要成为新人，快快走吧，要是给他人看到，可就走不掉了。"许诚道："那鲍狗子受了伤怎么办……"李昌眼珠转了一下，道："让我背去郎中那里抢救。一点小伤，不会有事。"许诚、矫婷小鸡啄米似的连连点头，几乎是异口同声："那全仰仗李先生了。"许诚拖着矫婷走了几步，又返过身来说："要花多少钱，你只管来我家……"不想李昌对许家了如指掌，道："你是望亭镇上渔行的掌柜，谁人不知，哪个不晓。"许诚点了点头，当即便携着矫婷拔步就走。

三天过后，许诚正在家中准备婚事，忽然家人来报，说有人找他有要事相商。许诚正忙得不亦乐乎，便对家人道："还有比结婚更大的要事？你对那人说，改天再来。"家人道："我已这么说了，可那人说，我知道许先生正忙，但这件事非他出面不可。"许诚双眉一皱，说："此人是谁？"家人说："他自我介绍叫李昌，木子李，昌盛的昌。"许诚心想，是自己失手误伤鲍狗子，关键时刻，他应勇于担当，想到这里，他二话没说，直奔门外。

李昌愁眉苦脸地候在门外，见到许诚从门内匆匆走出，迎了上去："许先生，你终于来了，可把我给急坏了。"许诚道："李师傅，你有事进屋再说，多日未见，别来无恙。"李昌连连摆手，把许诚一把拉到一旁墙角，欲言又止。许诚心领神会，遂从口袋里掏钱："上次你把那个名字叫鲍狗子的送去郎中那里，花了多少钱？"李昌轻描淡写地说了一句："不多，才三两银子。"许诚立马掏出十两银子递了上去："那天多亏了你两肋插刀啊。"

李昌迟疑了一下，收下银子，往口袋里一塞，正要从一旁口袋寻碎银。许诚倒也大度，连连说："还有些钱，权当请你喝杯茶。"李昌也不推辞，但没有动身走路的样子。许诚见过世面，便问："还有什么事吗？"李昌终于开门见山："许先生，今天我与你打开天窗说亮话，那个被你刺伤的鲍狗子如今生命垂危，如果不及时送去城里请高手郎中医治，看来活不了三天，届时……"许诚一听，急得直搓双手，心一横，正要与李昌赶去看望鲍狗子，李昌出手把他拦下："你要是离家走了，府上一摊子事谁去做主？鲍狗子的事，你也别管了，还是让我为你操心吧，你难道不相信我李昌？"许诚连声道："我知道你是热心人，当然相信！"言罢，又从口袋里掏出了二十两银子的银票，递了过去："一切仰仗李兄了。"

李昌接过银票看了看，喜形于色，连连说："许先生，你去忙吧，一会儿我把那人送去城里郎中那里。"言罢，屁颠屁颠地走了。

自此以后，许诚再也没有太平日子，李昌隔三岔五去他家要银子。为了息事宁人，许诚每次总是把李昌索要的银子如数给他。过了三个月，李昌又来了，许诚以为他又来要银子，可这次出乎他意料。李昌说："经过城里诊所的高手郎中精心医治，鲍狗子的伤势终于稳定，转危为安。"许诚与新婚的妻子矫婷听了，悬在心头的一块石头终于落了下来，连连向李昌道谢。

李昌一脸谦和："为朋友应该鼎力而为，两肋插刀，不然还算什么朋友？"可过了一会儿，李昌眼珠儿一转，道："有句话我不得不说，虽说鲍狗子的伤治好了，但落下了后遗症，给人打工谁要这一身有伤的残疾人，为此他要我向你提出帮他解决一笔银子，让他在城里开家小店，混口饭吃，以度此生……我向他说，许先生为了你的病已花掉了白银二百两，你还没完没了？但我仔细想想，他提出的这个要求也不无道理。我看……你就一次性给他一笔钱……这叫花钱消灾，你以为如何？"许诚与妻子矫婷立马又拿出了二十两银票给李昌。

李昌顿时眉开眼笑，往怀里一塞，转身就走。

　　许诚、矫婷夫妻俩以为此事总算了结，谁知才过了半月，李昌又来了，对许诚说鲍狗子老伤复发，又去郎中那里治疗，并扬言，如果许诚不花银子给他治疗，他便横下一条心，去官府击鼓告状。许诚与妻子矫婷家中已无几个钱，只得卖了两条七桅船和一家渔行，将得来的二百两银子悉数给了李昌，说："如今我已家徒四壁，这点银子权作给鲍狗子的最后补偿了……"

　　李昌拿了二百两银子，胸脯拍得噗噗直响："鲍狗子再来要钱，也没有了，他总不能没完没了。"许诚道："如果他再来要钱，我只能主动去官府投案了。"当李昌一走，许诚对矫婷说："古有一失足酿千古恨之说，现在想来，确是句至理名言啊。"夫妻俩相拥，泪珠扑簌簌往下掉。末了，两人觉得去坐牢，还不如一起投河自尽，了此残生。

　　……

　　申时行听到这里，仰天一笑，说："你上当了。"许诚如坠入五里之雾中。申时行继而言道："李昌接二连三向你要钱，我敢断言，这是一场有预谋的骗局。"许诚半信半疑："那天，我是误伤了那个叫鲍狗子的。李昌知道我正在操办婚事，见义勇为，背着受伤的鲍狗子去了郎中那里，这难道会有假……"申时行道："是误伤，还是预谋，不如驴背上看黄历——走着瞧……"接着给许诚交代了一番。

　　不出申时行所料，李昌、鲍狗子两人确是苏州城里的混混，二人年轻力壮，整天游手好闲，吃喝玩乐，一旦囊中少银，就想方设法诈人钱财。前些日子，两人在石路诈钱栽了跟头被抓，释放之后，李昌与鲍狗子臭味相投，到了望亭街上见机行骗。他俩听人说迎湖村有个叫许诚的年轻人，有两艘七桅渔船，街上又开了家渔行，富得流油，于是两人一搭一档，故伎重演。如今李昌听到许诚家被榨干了油水，回到望亭对鲍狗子说："明天我俩打道回府，只能另择对象了。"鲍狗子不解："怎么啦，难道我俩骗术已被姓许的识破？"李昌摇摇脑袋："那倒不是。姓许的已被我俩榨得灯枯油尽……听说，前几天为了支付你的治伤之银，已卖掉了两只渔船、一家渔行，小夫妻俩差点去投湖自尽。"

鲍狗子狡黠一笑："你真是菩萨心肠。你可知瘦死的骆驼比马大。我听望亭街上居民说，那个姓许的在迎湖村还有十多亩良田……"李昌眼睛一亮，一拍大腿："对，我怎么忘了哩。过两天我们就再……"鲍狗子点点头，嘿嘿一笑，说："这回，我们要狠狠敲他一笔，然后再另找他人。"言罢，从怀中掏出一包东西，往台上一丢。李昌一看，说："又是一个狗血包子……"鲍狗子奸诈一笑："不出此狠招，许诚怎会乖乖掏出囊中之银……"

两天过后，李昌扶着耷拉着脑袋的鲍狗子来到了许诚家中，说："你看他旧伤发作，已活不了几天，你就给他几个钱，让他好好享上几天福……也算是你许先生积德行善。"许诚一脸无奈："如今我是双手空空，给人打工为生了，哪来的银子……"一旁的鲍狗子哼哼呻吟，护住胸口道："痛……痛死我了……"李昌望了鲍狗子一眼，叹了口气，苦口婆心："看来不给他几个钱，他是死不瞑目，你就行行好吧。再说，他落下这样的胸痛，也是由你引起。"许诚说："我也想资助他一把，可是我是顶着石臼做戏——力不从心。"

李昌沉吟了一下，终于说："许掌柜，听说你迎湖村还有十几亩良田，你就别拿着金饭碗做乞丐——装穷了。"

许诚按照申时行的吩咐，埋头不响，良久叹了口气："这可是我许家祖上传下的活命田……"还未等许诚把话说完，李昌说："鲍狗子连命也快没了，你倒好，还在念这是什么田……"鲍狗子此时仰起头，硬着颈子道："你许掌柜既然不肯给我钱疗伤治痛，我也不会让你有好果子吃……让我在这里一死了之……"言罢，遂从怀里拔出一把匕首。

许诚见状，连声呼道："不可，不可，千万不可……"抢前一步，夺过鲍狗子手中的匕首。此时，鲍狗子像疯了似的大叫一声"不想活了"，不顾一切扑了过去。突然，他"哇啦"惨叫一声，趔趄几步，"扑通"一声，跌倒在地，遂把手伸向内衣口袋……

"嘎吱"一声，大门洞开，闯进两个手执钢刀的县衙公差，从鲍狗子衣衫里掏出一包东西，往台桌上一丢。众人移目望去，小包破裂，流出一股污血，大伙儿不解。此时，申时行与长洲县县令跨步进屋。长洲县县令一见台桌上一小黑包里流着血，惊讶不已："这是什么东西？"申时行鄙夷地一望，告知县令："诓人的狗血……"申时行的这句话逗得大家笑弯了腰，李昌与鲍狗子知道事情败露，吓得面如土色，先后"扑通"下跪，连声求饶。

黄埭瓜子和冯梦龙

卢群

有一年，冯梦龙到南京去办事，住在驿馆里。驿馆里南来北往的人住了不少，一天夜里，天下着雨，外出不方便，几个江南人聚在一起，请驿吏炒了几个菜，烫了一壶黄酒，喝酒聊天。边吃边聊，话题很容易落在各地的土特产上，镇江人说肴肉，无锡人说肉骨头，常熟人说叫花鸡，轮到冯梦龙，冯梦龙说："苏州的美食太多了，松鼠鳜鱼、鲃肺汤、水晶虾仁、樱桃肉……十个手指头加十个脚趾也数不过来。不过要我夸家乡好吃的东西，我首先要推荐给诸位的，还是黄埭西瓜子。"

有人不以为然地说："西瓜子有什么稀奇的，到处都有。"

众人附和道："是啊是啊，我们家乡也有西瓜子，平常之物，也值得拿出来炫耀吗？冯兄，除非你讲得出让我们信服的道理，不然，要你请客。"

冯梦龙笑笑，说："到底谁请客，我们约个日期，比赛一场再做决定。我们来个吃西瓜子比赛，届时每人带上家乡产的西瓜子，再带一位美人，到敝地冯埂上参赛。比赛规则我不预先设定，到时候诸位觉得哪位美人吃西瓜子最优雅，就算她吃的那种瓜子为胜。如果黄埭西瓜子输了，诸位的费用我全包，再设盛宴招待。如果大家认为黄埭西瓜子确实头等，各人费用自负，再合摆一桌酒席供我享用。诸位意下如何？"

众人觉得很有趣，一齐答应下来。

到了约定的日期，各地前来参赛的人马聚集冯埂上，这个小村落顿时热闹起来。比赛开始，各地美人选手把自己带来的瓜子堆在面前，同时在旁边放块手帕，准备用来揩手。你想想，拈了瓜子往嘴里送，沾上口水，瓜子壳上的油污怎会不把手指弄脏了？唯独黄埭美人不要手帕，反而戴上一双白丝手套。比赛结束，她把手套脱下来让众人过目，手套仍旧洁白无瑕，让人看得瞠目结舌！更令其他美人望尘莫及的是，从黄埭美人嘴里吐出来的瓜子壳，统统都是完完整整的两瓣，一点破损也没有，不像其他美人嘴里吐出来的，三瓣壳、四瓣壳都有，甚至还有壳和果仁嚼成一团烂屑的。黄埭美人另有“绝技”，是其他美人费了九牛二虎之力也学不来的，那就是她从自己面前的西瓜子堆里随便捡出一粒，放到桌子当中，噘起两片嘴唇对着那粒瓜子轻轻吹口气，那瓜子竟会滴溜溜地旋转。黄埭美人把面前的一堆西瓜子吃完了，地上少不了一大片瓜子壳，众人朝黄埭美人留下的瓜子壳一瞅，个个傻眼，为啥？只见那一大片瓜子壳，好像事先接受过专门训练，从她嘴里飘到地上，都是乖乖地白面朝上，黑面朝下！凡此种种，都使参赛者甘拜下风，输得心服口服。

其实，黄埭西瓜子有三大特点：一是子粒整齐，大小匀称；二是香脆可口，一咬两瓣；三是吃后手上不沾油污。黄埭瓜子选料格外讲究，首先要把住的一道关就是拣选瓜子，为了保证瓜子粒粒符合要求，都采取人工拣选，选出的瓜子必须大小适中，子面无疵，颗粒饱满，剔除翘弯的瓜子。这样高的要求，意味着每百斤瓜子中，只能精选出20斤左右供炒制黄埭瓜子。在炒制前，先把拣好的生坯瓜子放入大竹箩中淘洗干净，将水滤干后，再次检查洁净程度，直到全部符合规格，方投入加工。为了防止瓜子外壳炒焦，要在特制的大铁锅内敷拭一层薄薄的菜油，锅下置文火，用长柄铁铲在锅内上下徐徐翻炒约一小时，直至炒熟，标准为干、脆，投于齿间轻轻一嗑，瓜子便裂成两瓣，壳是壳，肉是肉。之所以能够吹之旋转，诀窍就在于子粒的饱满和干燥。炒熟的瓜子存入专门编制的柳条笆斗里，倒入特制配方的适量白色玫瑰香油，来回颠拌，使之匀和。如此精心加工而成的黄埭瓜子，子面油光乌亮，香味扑鼻，瓜子仁白嫩松脆，瓜子壳基本上一咬两瓣。又因炒法独特，故而吃过的瓜子壳吐到地上，绝大部分是壳的黑面着地。

冯埭上和黄埭镇仅咫尺之遥，冯梦龙对黄埭西瓜子自然十分了解，所以他对于搞这么一场别致的比赛蛮有把握。冯梦龙通过这么一项娱乐活动，替家乡土特产做了一次免费广告。

活动结束后，冯梦龙还意犹未尽，写了一首小曲，名叫《赠瓜子》：

"瓜仁儿本不是个稀奇货，汗巾儿包裹了送与我亲哥，一个个都在我舌尖上过。礼轻人意重，好物不须多。多拜上我亲哥也，休要忘了我。"

这小曲，则是借物寄情了。

醉写"杜十娘"

王水根

冯梦龙晚年回到故乡冯埂上，闭门潜心著书。据传，他的重要著作都是在冯埂上完成的。

冯梦龙本来喜好杯中物，便以酒会友，搜集大量创作素材，并趁着酒兴奋笔疾书，终于著就奇文"三言"等巨著。坊间传言，冯梦龙的大多著作是喝酒"喝"出来的。

冯梦龙有个朋友，是个渔民，大家都叫他冯老爹。冯老爹居住在省滩荡畔，长年以捕鱼捉虾为生，并常与鱼贩、村民交往，故见多识广，满腹故事。冯梦龙经常以喝酒为由，"骗"冯老爹讲故事。冯老爹乐此不疲，既有酒喝，又能解闷，何乐而不为。只要三碗酒下肚，他便会滔滔不绝。

那日黄昏，冯梦龙提了一坛酒踏上渔船，冯老爹开心至极，连忙端出几碗小菜，都是"本作"货——红烧鲫鱼、小虾烧豆腐之类。两人促膝而坐，对饮起来。没隔多久，冯梦龙微醉，满脸通红，他举酒碗一边再敬冯老爹，一边问："今日可有好故事？"冯老爹端起碗一饮而尽，笑眯眯抹一抹嘴，搛块豆腐送进嘴里，然后答："当然有。"冯梦龙急不可待，又敬一碗酒，说："快讲，快讲。"冯老爹这才慢条斯理讲起来：

从前有个李秀才，与风尘女子十娘有缘，两人交往过甚，恩爱有加，结伴坐船回乡。哪知，这李秀才是个小人，竟在途中将十娘以高价"转让"给富甲一方的孙某，并索价一千两银子。当十娘知情后，伤心欲绝，就在李秀才劝说十娘时，十娘"呵呵"冷笑，取出一只描金箱子，她对李秀才说："你将抽屉拉开看看。"李秀才甚为疑惑，拉开第一层抽屉细看，只见翠羽明珰、瑶簪宝珥，充盈其中，约值数百金。李秀才惊呆、愣神，就在此时，十娘将抽屉随手一抛，扔到江中。十娘又说："再看一层。"李秀才拉开第二层抽屉，居然尽是古玉紫金玩器，至少值数千金。十娘抢过抽屉，又要扔入江中，李秀才伸出双手来夺，十娘却冷冷说："要它何用？"猛地将抽屉抛入滚滚江水。李秀才拉开最后一层抽屉，竟把他看得眼睛差点弹出，你道是什么？原来箱中尽是珍贵珠宝：一颗夜明珠有拳头大，另有祖母绿、猫儿眼等诸般异宝……李秀才看到这里，知道错过了发财机会，他眼珠骨碌一转，连忙扑倒在地，抱住十娘双膝，挤出两滴眼泪，假惺惺协哭："十娘啊，我错了，我不该啊！从今后我终生陪伴你，做牛做马，白头到老……"十娘理一理头发，怒目相向，怒言相斥："妾风尘数年，私有所积，本为终身之计。自从遇到郎君，你与我山盟海誓，白首不渝。此前趁与你出走之际，箱中暗藏百宝，不下万金。妾想让你荣耀回乡，归见父母，亦好委托终身，生死无憾。谁知郎君为了区区千金，中道见弃，负妾一片真心。现在当众露宝，让天作证，妾不负郎君，是郎君负妾啊……"

冯老爹说到这里，有意卖关子，只管吃菜，再无下文。冯梦龙急了，连声催促："后来呢？后来呢？"哪料冯老爹说出一句扫兴话："酒喝光了，明天再继续喝酒讲故事。"

冯梦龙接过酒坛，晃了晃，酒确实喝完了。冯梦龙望望天空，竟然下起蒙蒙细雨，他叹了口气，无奈说："好吧，明天老辰光接着讲。"冯梦龙悻悻回家，这一夜他辗转难眠。

翌日傍晚，冯梦龙拎了两坛酒来到冯老爹的渔船上。今日，冯老爹格外兴奋，他特地清蒸了一条白鱼，还烧了油爆虾。两人坐定，刚对饮一碗酒，冯梦龙就心急地催问："昨天故事的后续呢？"冯老爹自顾自连饮两碗酒，然后抹一抹嘴，说一句："你莫心急，这后来的结局极其简单。"

结局是：十娘怒责李秀才之后，竟然仰天大笑，对李秀才说了最后一句话："你……你这个负心汉……"话未尽，十娘猛地抱起宝箱，跃入了江心。

冯梦龙惊骇，听到这里霍地立起身，大喊："好，好故事！"而后，他又凝视省滩荡，仿佛这河就是十娘葬身之地。未几，冯梦龙回过神来，嘴里喃喃自语："好个刚烈的女子！"冯老爹见状，再作补充："这十娘是世间少见的刚烈女子，她在怒斥负心汉和显露巨财的过程中，始终没有流下一滴眼泪，这是对邪恶的不屈，对小人的蔑视，值得称道啊！"

冯梦龙连连点头，却再也不吭一声，只是与冯老爹喝酒，一碗接一碗……

直到月上中天，冯梦龙才踏着月色，步履蹒跚地回到家里。他因刚才的故事亢奋异常，当即不顾醉意疲惫，打起精神，在窗前就着烛火，提笔铺纸，疾书不已。直到天色微明时，才写就一篇精彩故事，这就是脍炙人口的《杜十娘怒沉百宝箱》。

冯梦龙望着"急就章"，仰天大笑："哈哈，好故事啊！"笑毕，冯梦龙轰然倒地，随即呼噜声如雷震屋。

水车之谜： 谢方樽智斗贪婪地主

沈雪

　　一个细雨纷飞的午后，天空仿佛也染上了忧愁的色彩。一位年逾古稀的老农，脸上刻满了沧桑与忧虑，他在谢方樽的宅院前徘徊不定，几次举起手欲敲门，却又缩了回去。谢方樽从窗内看到这一幕，心中不禁生疑，便撑伞走出家门，向这位老农询问原委。

　　老农吞吞吐吐，终于道出了心中的苦楚。原来，这位老农家中有一部世代相传的水车，虽然历经岁月洗礼，但由于老农是木工世家的传人，对水车的用料和保养都颇为讲究，使得这部水车依旧轻便好用。村里的地主对这部水车觊觎已久，却找不到借口据为己有。

　　终于有一天，在夜色掩护下，地主派人将水车偷走，对其稍作改动，并在显眼处刻上了自己的名字，以此证明水车归属。第二天，老农发现水车不翼而飞，而地主家的田里却多了一辆熟悉的水车。老农上门理论，却因拿不出确凿证据，反遭地主毒打，还被诬陷。

　　心中的委屈和愤怒让老农无法忍受，于是他想到了村里机智名声在外的谢方樽，希望他能为自己主持公道。

　　谢方樽听后，略加思索，便对老农说："今夜你去做一件事，将水车的轴承取下，刻上你父亲的名字，再用火熏黑，明日再去报官。"老农依计行事，当晚便完成了这一任务。

次日清晨，老农来到衙门，状告地主偷窃水车。官府差役来到地主家，双方再次发生争执。当被问及证据时，老农胸有成竹地说："我父亲曾告诉我，他在水车轴承处刻有自己的名字，若不信，可当场查验。"

地主听后，心中一惊，但仍故作镇定地说："若真有印记，我赔你两倍的水车价钱，若没有，你便要坐牢。"老农在众目睽睽之下，将轴承取出，果然有三个字隐约可见。地主顿时面如土色，跌坐在地。

最终，地主不得不将水车归还老农，并赔偿了损失，还挨了五十大板。此事传开后，谢方樽的名声愈发响亮，找他帮忙诉讼的人络绎不绝。

从此，谢方樽成了村里的传奇人物，他的智慧与正义，为村民们解决了无数难题。而那位老农，也终于可以安心地使用自己家的水车，耕作在田间，笑容再次回到了他的脸上。这个阴雨天的故事，成了村里一直流传的佳话。

乾隆漕湖访寿星

诸家瑜

　　漕湖是个长寿之乡，传说有个渔翁活到了96岁，还白发童颜、精神抖擞。乾隆得知后，曾携大臣纪晓岚等专程取道前去拜访此人。

　　乾隆第六次下江南时已74岁，随从有纪晓岚等几个心腹大臣和画师。船队从京城启程，沿着京杭大运河浩浩荡荡向南而行，渡过天堑长江，驶进了江南运河段，当地的官府早已安排人员从江阴至苏州随时待命，并在望亭集中恭候接驾。

　　望亭彩幔盈衢，沿路花灯夹道。船队到达望亭，乾隆在礼炮声中走下船来，对接驾及办差的官员大加赏赐，特别是对前来接驾的老臣，赏赐了人参、貂皮等贵重物品。长洲的凌寿祺也参加了迎銮，当场即兴发挥，赋诗一首：

　　望亭南望是姑苏，夹岸人家入画图。

　　闻说晋陵龙舸下，三吴一路放篙呼。

　　当晚，乾隆回到船上，招来纪晓岚询问当地风土人情。纪晓岚说："这里就是吴国大臣伍子胥'相土尝水，象天法地'的湘城，从属长洲。那里有个湖泊，名叫漕湖，相传当年范蠡和西施曾在那里隐居过。在漕湖之滨，有座寺庙叫觉林寺，始建于唐朝广明元年（880），距今已近900年了。明朝永乐皇帝的太子少师姚广孝，曾经在那里定居过。据说，那里是长寿之乡，七八十岁的人比比皆是，还出现了不少近百岁的老人。"

"明天去漕湖。"乾隆对此地饶有兴趣。

第二天清晨，乾隆和纪晓岚换上便服，装扮成一主一仆，然后悄然离开了船队。君臣二人走了一段路，在河边雇到了一只小船，直往漕湖而去。

朝来新火起新烟，湖色春光净客船。波光潋滟的漕湖，呈现出生机勃勃、太平繁荣的景象。坐在舱内的乾隆喜笑颜开，问道："船家，这里有什么物产啊？"

"物产啊，很多的。"船家一边划着船，一边介绍起来，"水鲜有鱼、虾、蟹，野味有绿头鸭、山鸡，还有茭白、莲藕、水芹、芡实、慈姑、荸荠、菱、莼菜这'水八仙'。"

乾隆问道："湖鲜、野味和'水八仙'，看来是长寿之乡的食谱？"

"一点不假。"纪晓岚回答说。

乾隆听后，啧啧称道。

"湖东不但是长寿之乡，更是风光无限。"船家推荐着。

乾隆点了点头，小船朝着湖东划去。

乾隆侧过身子赏景，但见南岸编蓑妇女当门坐，驱犊儿童绕舍行，心里不免有点后悔，心想：要是把画师给带上就好了，可以将这安居乐业的景色画下来带回京城。

"乌啼茂苑多榛莽，水满漕湖遍荻芦。"此时，湖面上出现了一只白鸥，正迎着小船游过，乾隆大喜，随口说了声："一鸥游。"纪晓岚知道乾隆的习性，只要一高兴，就会赋诗、猜谜、出对子，现在在出联题，说明他兴致上来了。纪晓岚赶紧观察四周，发现岸上的林子里有两只蝴蝶在边飞舞边亲热，急中生智脱口而出："两蝶斗。"乾隆一笑，吟出："湖上一鸥游。"纪晓岚随即道："林中两蝶斗。"

乾隆看到岸边池塘里的莲藕，又吟道："池中莲藕，攥红拳打谁？"纪晓岚望见北岸边的蓖麻，便以问对句，答道："岸上蓖麻，伸绿掌要啥？"

君臣二人，一个出上联，一个对下联，不知不觉小船划到了湖的东岸。

乾隆抬头一望,发现岸边老柳树下停泊着一只渔船,船上有位老渔翁,苍然古貌,鹤发白眉。

小船靠近渔船,乾隆皇帝主动与老渔翁打招呼:"老人家,高寿几何?"

"花甲才开,外加六六岁月。"老渔翁没有直说。

乾隆一听,辨出对方话语的"味道",也猜到了对方的年龄。"喔,老人家是'杖朝刚庆,内多二八春秋'啊!"才华横溢、熟知谜语之道的乾隆没有明说,而是对了个下联。

在旁的纪晓岚心中明白,两人在用谜语的形式对对子。老渔翁出的上联里,"花甲"是60岁的代称,而"六六"用了算术里的乘法,得出"三十六"这个数来,再附以一个"外加",暗示96岁。乾隆对的下联里,"杖朝"是80岁的代称,语出《礼记·王制》:"八十杖于朝。"而"二八"亦用了算术里的乘法,得出了"十六"这个数字;之后又巧妙地以一个"内多"将"八十"与"十六"相加,揭示了老渔翁的年龄乃96岁。于是,纪晓岚暗地里做了一下"九十六"的手势。老渔翁见之,颔首微微一笑。

接着,乾隆皇帝与老渔翁海阔天空地聊了起来,从中得知了他的姓氏、祖籍、居住地和家庭成员等情况。乾隆一一记在了心里,后来回到京城,在举行一年一度的千叟宴时,特派人将那位漕湖老渔翁请了去,由此留下了一段佳话。

慕王种银杏

朱恶紫

黄埭镇上有一棵树龄120多年的古银杏。别看它仅有一百多年生命历程，可是亲手栽种它的人，却是一位当年叱咤风云的太平天国名将——慕王谭绍光。

清同治元年（1862），当时东王已死，太平军力量有所削弱。清军头领李鸿章、程学启等，企图削平苏州城外的所谓"十垒"：五龙桥、宝带桥、蠡口、黄埭、黄花泾、浒墅关、观音庙、十里亭、虎丘和淞濠土城。为了对付敌军，慕王谭绍光偕同纳王郜云官进京（今南京市）拜见天王，请示机宜。慕王一行，途经黄埭，暂驻行辕（行辕设在黄埭中市，现在是黄埭大街197号前二进房屋）三天。临行前一天，适有琳桥乡农民挑担出售银杏树苗，慕王就选购了二株，亲手种在后园。后来一株较大的被小孩折断，仅存现在的那棵百年老树。

慕王种树一事，当时惊动了一位"饱学"书生钱学究，他特地搜索枯肠，作成一副对联，一本正经来请见慕王，口称："学生钱某，拜见谭爷千岁。"接着从衣袖管里拿出写好的那副对联，恭恭敬敬地双手呈上。慕王慌忙起立，双手接过，一看是用洒金大红纸写的八言对联。上联是："十年树木，千秋功业"，下联是："一柱擎天，万世太平"。钱学究还连声说："王爷一柱（树）擎天，百世流芳，万人敬仰，真是位前无古人的当代英雄！"

慕王只微微一笑，说："老先生，说到哪里去了。天国的功业，都赖天王威武,将士用命,子民爱戴。俗话说得好,单丝不成线,孤掌最难鸣。仅一柱,哪里能够擎天呢!谭某出身低微,读书不多,但还记得古书上有这么一句,叫'八柱擎天',这才对呢!"慕王的意思是以天王为主梁,东王(杨秀清)、西王(萧朝贵)、南王(冯云山)、北王(韦昌辉)、翼王(石达开)、忠王(李秀成)、英王(陈玉成)和他自己一共八位,恰成擎天的八根柱子。

钱学究一听,张口结舌,十分羞赧,辞出府邸。回到家里,他翻遍古书,果真在屈原的《楚辞》里找到了"八柱擎天"的出处,由此对慕王的博学多才,不胜钦佩。从此,他逢人就高翘大拇指说:"切莫小看谭爷是个赳赳武夫,胸罗锦绣,博古通今,不愧为当今不可多得的一位杰出的儒将!"

现在,这棵老树高出三层楼房顶好多好多。登上树顶,可望见苏州北寺塔。

阳澄湖畔留忠魂
——记陈鹤烈士

金建英

　　"洋澄县政府，无疑的，他是站在坚决的抗战立场上，站在人民大众的利益上，他是真正的抗日民主政权……洋澄县政府成立的今天，是杀人魔王、地方恶霸胡逆肇汉开始灭亡的一天，是我们反胡肇汉斗争开始走入胜利的一天；是洋澄湖十万老百姓开始得到初步解放的一天。"这是洋（阳）澄县县长陈鹤就职发表的宣言。他的豪言壮语一直在阳澄湖上空回荡着，震慑着敌人，鼓励着阳澄湖人民为"驱逐万恶的土霸胡肇汉出洋澄湖，为建立光明的、民主的、幸福的洋澄县而奋斗"。

　　陈鹤，原名潘承岳，1917年生，苏州人，兄弟姐妹6人，排行第4。潘家祖上为苏州著名望族，可到了他父亲那辈，已上无片瓦、下无寸土，全靠他父亲做绸缎店店员的工资和母亲刺绣所得来维持一家的生计。1927年父亲去世后，全家的经济状况陷入绝境，靠绸缎店职工募捐的抚恤金和潘氏义庄的补贴得以生存。

　　陈鹤少年时代就读于苏州城区悬桥巷东首的潘松麟义学。他聪颖好学，尤其喜欢绘画，善于结交朋友。小学毕业后，陈鹤就随五姨父葛友迪去谋职，学报务。一年后因母亲去世，他回到了苏州，后经亲友介绍去上海一家化妆日用品工业社当职员。这时他较多地接触社会，接触工人，和颇有名气的惠大典当的职员相处得很好。这些职员大部分在1936年参加了上海职业界救国会，在惠大典当内有秘密救国会小组，于是陈鹤经惠大典当内成员的介绍参加了救国会，编入惠大典当小组。

救国会小组成立后搞了读书会，办了一个刊物《涛声》，宣传抗日。陈鹤的字和画都较好，做刊物的设计工作。《涛声》出了两期后停刊。这时候，陈鹤的思想变化很大，他结识了一些进步青年，爱看进步杂志《永生》《生活》。

1937年抗战全面爆发，上海工厂停工，陈鹤工作的工业社也歇了业。陈鹤回到苏州，与刚初中毕业的表弟吕家昌（现名彭诚）避难于无锡查家桥时，自发地办起了墙报来宣传抗日救国。

同年年底，陈鹤又去上海一家纺织厂发行社做广告设计工作。他参加了党领导的群众组织"益友社"。1939年春，经由上海职救会惠大典当小组联系人刘燕如介绍，陈鹤加入中国共产党。1939年3月，陈鹤响应中共江苏省委关于发展上海外围敌后抗日斗争的号召，奉组织之命到苏州开展工作。

陈鹤到苏州后，落脚在苏州城区西北街86号姨母家，在城区进行秘密工作。他经过物色考察，发展了吕家昌、薛白薇（现名胡欣声）两人入党，并于1939年4月成立了抗战时期吴县第一个中共党支部，陈鹤任支部书记，薛白薇为组织委员，吕家昌为宣传委员。该支部最初由上海党组织直接领导，不久，即转属中共江南特委，由特委组织部长张英直接领导。

陈鹤和党支部的同志一起，以读书会的形式发动工人、店员、青年学生等成立了"吴县各界抗日救国会"（简称"抗救会"），组织读书会，开办工人夜校。随着工作的开展，陈鹤他们在皮市街北头天后宫桥桥堍一家木匠铺租了一间房子，将其作为支部委员的活动地点，之后又在桃花坞开了爿小杂货店作为联络站。

当时党支部的任务是宣传抗日，出版刊物《倔强》（后改《学习》），陈鹤亲自编写材料，吕家昌刻印后散发，广泛地宣传了抗日救亡活动。他去太平桥向特委汇报请示工作时，经常带回特委的《江南》杂志，组织"抗救会"成员阅读，并积极为《江南》组稿，曾安排薛白薇写了《敌伪控制下的苏州城》等通讯文章。他们还动员城区青年下乡抗日，为"江抗"部队补充新鲜血液。

陈鹤对工作严格要求，一丝不苟，对自己生活要求简单，节衣缩食，与吕家昌合吃一碗豆腐汤是经常的事情，对革命经费的使用也是精打细算，从不乱花一分公家的钱。当时，正处于抗日的高潮，陈鹤夜以继日地工作，人很消瘦，姨母心痛地劝他："你这个样子，不仅危险性大，身体也要弄坏的。"他对姨母说："搞抗日工作是很危险的，我是随时准备牺牲的，享受是下一代的事。"

1939年12月，因"吴县抗日救国会"中出了变节分子，陈鹤、薛白薇等5人被捕，并被押至南京。在狱中，陈鹤始终没有暴露党的组织。1940年秋天，他脱离虎口，回到苏常太抗日根据地，在阳澄湖一带开展抗日工作。

1941年初，在谭震林的领导下，苏南东路地区的抗日烽火越燃越旺。为了更好地运用政权力量独立自主地开展敌后抗战工作，东路地区普遍成立了抗日民主政府。2月10日，以肖陆区为中心的抗日民主政权洋澄县政府正式成立，陈鹤任县长。当天，陈鹤发表了《洋澄县政府成立宣言》。宣言像刀子一样刺进盘踞阳澄湖的顽军胡肇汉的胸腔，又像春风温暖着阳澄湖人民的心。平静的阳澄湖沸腾了。陈鹤县长，以他高度的革命热忱和卓越的才能，带领武装工作队，以肖陆区为依托，不时出没在阳澄湖新开辟的地区，先后建立了肖陆、辛莫、洋泖等3个区级政权，配备了区级干部和15人左右的民运工作组，深入湖区，发动群众抗日。同时一支四五十人武装的洋澄县新"民抗"队伍在曹家尖成立了。这支新型的人民武装辗转在阳澄湖地区，保护人民，打击敌人。某日拂晓，在初春晨雾的掩护下，陈鹤率部进击盘踞悬珠的胡部朱康如大队，梦中惊醒的顽军，顾不及穿衣裤，仓皇逃窜。这次战斗，缴获步枪40余支，改善了洋（阳）澄县"民抗"的武器装备。

面对抗日形势的急剧转变，凶恶狡黠的胡肇汉眼看他盘踞多年的"老巢"在一天一天地缩小，遂又一次勾结日伪军，联合对付新生的洋澄县人民抗日武装。

1941年4月1日（农历三月初五）清晨，陈鹤正带领部队在毛家浜村集中上课，突然遭到巴城日伪军的偷袭。部队边打边撤至曹家尖休整。当日傍晚，胡肇汉又乘机率部200余人包围驻地。陈鹤等奋力抗击，终因寡不敌众而被捕，同时被捕的有张天爵、钱阿桂等12人，部分同志突围时牺牲。

1941年6月的一天上午，距渭塘1.5千米的肖家浜村，胡肇汉正在审讯陈鹤县长。胡肇汉曾花了两个月的工夫，企图软化陈鹤，故作姿态含笑送茶。陈鹤蔑视他，气得胡肇汉暴跳如雷。据当地群众所见，陈鹤双手被绑，颈里套了绳，胡肇汉提问，陈鹤不开口，只是来回踱步，时而嘴角微露讥笑，时而紧咬嘴唇，一句口供都没有。下午3时左右，胡肇汉用一只小船，胁迫船夫把陈鹤带到肖家浜的河西岸，把他绑在一棵树上，残忍地杀害了陈鹤。陈鹤壮烈地献出了年轻的生命，时年才24岁。

肖家浜的虞祖仁、虞家谷、虞义谷3位农民目睹了这惨绝人寰的一幕，心如刀绞。夜幕降临，三人回家拿了铁锸等工具，在陈鹤遗体旁挖了个长方形墓坑。然后，他们含着眼泪把陈鹤的遗体从树上解下，小心地放入坑中，一铲土一铲土地把烈士的遗体掩埋好。

1950年5月21日，苏州市公安局在上海将胡肇汉逮捕归案。11月30日，胡肇汉被苏州专区人民法院判处死刑，在苏州金门外望树墩西北面约600米处一块山芋地伏法。

地名故事

"筑堰成埭"
——黄埭往事

鹿鸣

　　公元前262年，黄歇（？—前238）被楚考烈王任命为楚国令尹，封为春申君，赐淮河以北十二县的封地。楚国春申君黄歇与魏国信陵君魏无忌、赵国平原君赵胜、齐国孟尝君田文并称为"战国四公子"。

　　十五年后，由于与齐国相邻的淮北经常发生战事，黄歇向楚王进言道："淮北地区靠近齐国，那里情势紧急。请把这个地区划为郡，治理会更为方便。"楚考烈王同意了他的请求。

　　公元前248年，春申君黄歇带着家人和一部分老百姓从淮北来到吴地，准备治理和开发吴地。古时吴地属楚国。

　　春申君到来时正赶上吴地发大水，他马上带着儿子一同乘船察看水情。船从吴城出来后沿着胥河朝西北方向而去，春申君发现吴地虽然是水乡泽国，湖荡众多，但是河道里的水根本排不出去，城内城外不管是大河还是小河，水都满溢了，河堤若隐若现，时刻都有溃堤的危险，农田更是成片成片地被淹没。春申君一脸愁容地站在船头，痛心地问站在一旁的吴地官吏："吴地河道众多，水情何以如此严重？"

　　吴地官吏略一沉吟，双手合抱拱手作揖，无奈地答道："春申君，吴地虽然河道众多，不过河床泥沙淤塞严重，导致河床抬高，汛期水量大，排不出去，故而这里一到雨季就会发生水灾。"

他们的船来到了一片茫茫水域，只见远处一些竹林茅舍淹没在水中，周围看不到田地的影子。

"这里是裴溪（今裴家圩）。"吴地官员用手划了一大圈说，"在此地，裴溪地势最低，故而周围洪水都会涌向这里，周围的农田被冲毁，茅屋浸在水里，直到洪水退了，水位下去，老百姓才可以种植粮食。唉，老百姓受苦很久了呀！"

"裴溪形如蝉翼，北狭而南宽，西高而东低，如果沿此河筑圩，就既能把水围住，又能筑坝建埭开发良田……"春申君边思索边说。

"春申君此计甚好！"吴地官吏一激动，急忙跪下叩谢。

"起来，"春申君让吴地官吏起来，说，"带我去出海口看看。"

春申君要看的就是苏州至上海河道的出海口。经过考察，春申君得出结论，要解决洪涝灾害，必先疏通入海口的河道。

兴修水利的工程马上开始了。春申君招募吴地老百姓，携儿子及其族人在江东吴地一带疏通入海口及河道。同时，春申君又指挥老百姓在低洼地区筑坝建埭，其中裴家圩就是春申君带人在裴溪上筑堤围堰的遗迹之一。这一系列治水工程使春申君深得民心，吴地水患也因此得以缓解。很多因为水患逃难出去的老百姓又回来了，他们在新建的埭上耕种劳作，过上了安定的生活。为了纪念春申君的功绩，吴地不少地名都以"春申"或"黄"命名。黄埭之名正是由黄歇而来，因他提出要"筑堰成埭"，这块区域被命名为春申埭，后称黄埭。

五丫浜

张瑞照

苏州城西北三十余里的黄埭东桥有条河叫"五丫浜",一条主干河上伸展出五条长长的支浜,传说是土地公公为掩护五姐,用手撑出的。

事情是这样:

一天,玉皇大帝喜开蟠桃会,令七仙女前去采摘蟠桃。七仙女深居金殿银宫,出入琼楼翠阁,悠闲无聊,听后马上高兴地驾起祥云,说说笑笑地向蟠桃园而去。五姐生性好奇,一出南天门就说:"人说上有天堂,下有苏杭,当前正值三春,百花争艳,不如我们趁此机会,观赏一下苏杭春色?"小心谨慎的大姐双手乱摇说:"此举有违天规,要是被父王知道,要天打雷轰啊。"姐妹们附和着五姐,娇嗔地对着大姐说:"这里又没有别人,您就答应这一次吧。"大姐拗不过众姐妹,说:"看罢苏州就动身返回。"众姐妹高兴雀跃,拨开祥云,俯瞰人间。

苏州山清水秀,鸟语花香,风光如画,众姐妹不由得兴趣盎然,流连忘返,纷纷说:"要是能下凡去人间游览一番才算心愿得偿哩。"突然她们见五姐柳眉倒竖,默不作声,便问她有啥心事。五姐指着古运河畔说:"你们看这男子泪痕满面,在河边徘徊,怕是要轻生自尽。"大姐施法一算,叹了一口气说:"这男子名叫何春哥,同村里何秋妹在勤劳耕作中建立了感情。双方父母有意成全他俩,准备来年商订百年之好,没想到第二年遇上了百年未有的虫害,庄稼颗粒无收，秋妹娘又患病卧倒，真是雪上加霜。秋妹无钱抓药，欲向春哥求助，但她看到春哥家也在吞糠咽菜，所以硬着头皮向财主金大头借了五石米的高利贷。金大头贪财好色，早对美貌的秋妹垂涎三尺，只是没有下手的机会，现在见秋妹前来借粮，满口答应，立下债据一张，叫秋妹按下手印后，便叫用人将五石粮送到了秋妹家里。到来年青黄不接的三春，金大头就去何家要债。秋妹娘病刚痊愈，苦苦哀求，说等到麦子收割后，如数归还，没想到金大头嘿嘿冷笑，腆着肚皮说：'借债还债是祖宗定下的规矩。'说完贼眼一转，瞟了眼房里的秋妹说：'我们攀个亲眷吧，这五石米嘛……'秋妹娘望着胡须花白的金大头说：'你儿子已有三房四妾了呀。'金大头脸一沉解释道：'我是说我老婆一天说不了几句话，我想娶你家秋妹伴个热闹。'秋妹娘连连摇头道：'门不当，户不对。'金大头说：'是我金大爷自己看中的，怪不得你们啊。'没几天，金大头果真托媒婆前来说亲。秋妹晓得后如晴天霹雳，哭得死去活来。春哥知道其中事由，求庄上乡亲相助，总算凑齐了十石白米，上金家还债。金大头暗暗骂了声：'真是不识抬举。'叫管家连本带利的收了十石粮后却不还债单，第二天就命家奴气势汹汹上何家抢人抵债。"

众姐妹听罢忿忿不平说："哪有这等不平之事？"大姐说："秋妹被抢后，她娘一气之下，倒床不起。春哥上衙门击鼓告状，哪知县老爷受了金大头的贿，面孔朝着南说：'还了债勿收债单，哪有这样的蠢坯？秋妹到了金家，是白老鼠进米屯里，磕破了额头也遇勿上的事。你勿要狗拿耗子瞎管闲事。'原告春哥变成无理闹公堂的被告，被重责四十大板撵了出来。"五姐听了说："眼下秋妹面临绝境，我等岂能袖手旁观。"大姐低头不语，众姐妹纷纷说："五姐讲的话句句有理，路见不平，拔刀相助。"大姐考虑了一下，对五姐说："只是此事要是被父王知道……"五姐说："纵然粉身碎骨，五妹也心甘情愿。"心地善良的大姐见五姐意志坚定，从头上拔下一枚金钗交与五姐说："要是碰到为难之事，只要将金钗朝地连划五下，自有人来相助于你。"

五姐告别众姐妹，来到人间，拔下大姐给她的那枚金钗朝地上连划了五下，只听"轰隆"一声，地上冒出个白胡子老头来。五姐一看是土地公公，连忙上前施礼，说明来意，土地公公说："你这般模样勿能与春哥见面，还是扮成秋妹在无锡的姨娘吧。"接着把秋妹姨娘的模样讲与五姐听，五姐摇身一变，土地公公端详了一番，捋了捋胡子说："像，像！要是遇到为难之事，再来找我吧，小神一定全力相助。"说完化作一缕青烟，霎时无影无踪。

五姐照着土地公公的吩咐，摇身变成农家大婶后，沿着古运河向西走了二三里路，见河边有一个神色恍惚的青年男子，只听那男子对着金家村的方向凄惨地连喊三声"秋妹"，意欲投河自尽。五姐跃前一步，将他一把拉住说："这位小哥为啥要往这条路上走？"春哥回头见是一位大婶，于是说："我是个无能之人呐。"五姐说："那你为啥死前要连喊秋妹呢？"春哥于是把心中冤屈一五一十地讲给五姐听。五姐一听，说："我叫五姐，是秋妹的姨娘，听说秋妹与庄上春哥即日要订百年之好，所以前来贺喜，想勿到表姐被害，甥女被抢。"春哥说："看来我和秋妹今生难成婚配，姨娘还是掉头回转无锡，让我一死了之。"五姐生气地说："秋妹在金家受辱不去相救！你还说这种话，你即使到九泉之下，怎么有脸去见秋妹的爹娘。"春哥说："我双手空空能有啥办法？"说完双膝跪下，号啕大哭，说："望姨娘相助，把秋妹救出虎口。"五姐说："这里不是说话的地方，待回家后再作商议。"二人回到春哥家中，五姐说："你再去金家，呼喊借债已还，还我秋妹。"春哥以为五姐有啥锦囊妙计，现在听了，连连摇头，说："金大头心狠手辣，纵然喊破嗓子，他也勿会理睬的。"五姐却说："我吩咐你这样去做，自有道理。"春哥半信半疑，死马当作活马医，一步一步往金家庄走去。

春哥一到金家庄，就对着金大头家的大门连喊："借债已还，还我秋妹。"金大头因调戏秋妹不成，正在房间里冒肝火，听说外面春哥又在大声呼喊，气势汹汹地打开了门，粗声粗气地说："你再胡闹，莫怪我金家木棍无情。"春哥说："你抢秋妹抵债说有债单在手，我可没有看见这张债单，这是红、是黑、是真、是假？"金大头从怀里取出那张债单说："这上面还有秋妹自己红红的手印哩，还会是假……"话音刚落，一阵狂风将金大头手中的债单刮得飞了起来。金大头正要拼命去抢，风沙将他吹得睁不开眼睛，于是他声嘶力竭地关照家奴去寻找，可是家奴嘴上"是、是、是"的答应，但谁也不肯睁开眼睛去找债单。风停了，金大头揉眼一看，见债单已经落在屋前的白枣子树上，忙发疯似的叫人推摇，债单飘了下来，大头藏进怀里，才嘘了口气。当他刚要进屋，只见一个农家大婶扶着秋妹从大门里走出来，不由得一怔，心想明明把秋妹锁在地牢里，怎么会走出来呢，所以半天说勿出话来。

原来这大婶是五姐所变，当金财主把债单从怀里取出，她便施法将债单吹了，接着卷起一阵风沙叫金大头和家奴都睁不开眼睛，五姐便潜入金财主家里，开了地牢门，把秋妹救了出来，现在见金大头如梦初醒地带领家奴拦住去路，于是开口了："我是秋妹的姨娘，专程从无锡赶来参加秋妹和春哥的喜宴，没想到听说阿姐和姐夫双双过世，我正要找你算账哩。"金大头气势汹汹地说："算账？借债不还，押人抵债，这是祖宗定下的规矩。"五姐说："你没长着耳朵，刚才春哥喊的借债已还，还我秋妹。"

附近百姓见有个农家大婶敢与恶霸金大头据理力争，纷纷前去看热闹，一时间金家门前人山人海。

金大头为显示威风，拍了拍怀里的那张债单，凶相毕露地说："可债单还在老子手里哩。"说完将手一挥，家奴们一拥而上。五姐挺身而出将秋妹护住，理直气壮地说："你有何理，敢当着众位父老姐妹的面，青天白日强抢良家民女？"金大头回头见众乡邻怒目圆睁，人矮了半截子，喘着气说："那……那见官去！"

县老爷大喊一声"升堂"后，首先问谁为原告。金大头说秋妹借债不还，告何家赖债罪。五姐出面告金大头青天白日强抢民女罪。知县一听都是原告，于是问各自有何人何物为证，金大头将大肚子一挺说："有债单为证。"五姐指着堂下众乡亲说："有众乡邻为证。"一个人证，一个物证。县老爷正在难断此案之际，衙差从里室递给他一张条子，上书：金大头送上雪花银百两。县老爷

四图庙绝处逢生

王水根

明末清初，战乱不休，民不聊生，穷苦百姓四处流浪漂泊，田地荒凉，一片萧条。如此景象也殃及庙宇寺院，由此熄火灭香，信徒渐稀，众僧纷纷逃生。

黄埭冯埂上南侧的四图庙，原本香火一直很旺，但到战事纷起时，亦遭到同样命运。眼看着庭院冷落，门可罗雀，渐渐难以支撑，圆明方丈忧心如焚，终日唉声叹气，寻思着如何度过困境。

那日傍晚，圆明方丈独守禅房，对烛凝视，良久，他长叹一口气，流下两行泪水，喃喃自语："唉，别无他法，只能遣散众僧了，生死由命吧！"正在这时，禅门被推开，走进一老者，双手拱礼，说："高僧何必出此下策，自古道，船到桥头自会直。"圆明方丈抬头一看，老者是常客冯梦龙。他知道冯梦龙曾经做过官，足智多谋，便赶忙请他就座。坐定，圆明方丈直言："出此下策实为无奈，先生有何高见？"冯梦龙略思忖，拱手回说："谈不上高见，老夫只是想，当年高僧来此立寺，全蒙四方乡邻施舍关照，如今要散了，何不备些斋饭，请他们来聚上一场，也好留个念想？"

圆明觉得有理，当即作出决断，一面派人通知四方乡邻，一面将准备给弟子的"散伙钱"尽数取出，买来米面蔬菜，并招呼众僧一起动手，预备斋饭素食。

冯梦龙见圆明如此通情达理，遂竖起拇指赞说："佛语曰：缘来四方，四方来缘。高僧此策实为上策矣！"说毕含笑而去。

　　第二天临近中午，乡邻们陆续来了，冷落许久的四图庙顿时热闹起来。哪料到，不多时，涌来吃斋饭的人越来越多，连那些逃荒的难民和要饭的叫花子也闻讯而来。面对此情此景，圆明咬一咬牙说："我佛普度众生，又何必管他来的是谁？"遂吩咐弟子将寺里的口粮全拿出来煮了，又吩咐知客打开寺门，来者不拒。

　　这一吃不要紧，竟一直吃到日落西山、粮罄菜尽，众人才停下来。圆明望着空空如也的粮仓，双手合十，自语："再见了。"此时，背后传来一个声音："缘来四方，来日方长矣！"圆明回首，见是冯梦龙。两人相视一笑，权作道别。

　　翌日，圆明正准备遣散弟子们时，又见许多人进寺。圆明以为又是来吃斋饭的，正要解释，忽然发现来人都是附近的村民，这些人挑的挑，背的背，每人都带着东西。圆明问道："你们这是干什么？"走在最前面的那人放下担子，说："昨天你们免费供吃供喝，开销一定不小，只怕寺庙那一点积蓄已经用尽，你们这些出家人如何撑得下去？我们也不宽裕，只是送些自家地里种的菜蔬表达一下心意罢了。"说完，来人纷纷放下东西，扭头就走。

　　圆明这下为难了，寺里的口粮一天便被吃尽，他本打算送走弟子们，然后出门四处云游，谁想到村民送来了菜蔬，显然有挽留之情，这可怎么办？正当圆明为难时，又来了更多人，竟也是送东西来的，足足拉了三马车。来人自我介绍，说是在东桥镇上做买卖的，听说四图庙不求回报救济贫弱，心里很是佩服，便筹资采购些吃食和用品，聊尽绵薄之力。

　　这下，圆明就算想"散伙"也散不成了。一下子送来这么多东西，带走显然不成，可也不能让它们烂在寺里吧？何况这些东西还是众乡邻信徒的一片心意呢！最后，圆明跟弟子们一商量，决定先留下来，把这些送来的东西做给难民和叫花子吃，哪天吃完了就哪天走。

　　不料，这一做竟然停不下来了。四图庙免费供吃供喝、救苦救难的事很快传到了四面八方，每天来这里吃斋饭的人络绎不绝，但往寺里送米送面送菜的人更多，送来的食物多得根本就吃不完。到后来，甚至连存放米面的地方都没有了。

更令人意想不到的是，四图庙原本冷清的香火竟也一下子旺了起来，终日烟火缭绕，烛光熊燃，弟子们又重新敲起暮鼓晨钟，诵经声绕梁不绝。

四图庙绝处逢生了。

那日晚上，四图庙众弟子在殿内跪拜圆明方丈，感恩谢师，大弟子说出心里话："感谢师父想出这么好的办法，不但救了全寺弟子，更救了那些流离失所的苦命百姓。师父真是救苦救难的活佛啊！"

圆明朗声而笑，回答道："我哪想得出这样的高明法子，善举自有天助。"圆明说到这里，双目如炬，用手向殿外一指，声如洪钟道："要说谢，你们应该谢这位高人啊！"

众僧依指回首，见殿门前月光下站着一位鹤发童颜的老者。圆明方丈又说："这就是极有名望的高人冯梦龙啊！是他在本寺山穷水尽时，为老衲指点迷津的啊！"

众僧异口同声道："谢高人冯梦龙！"

捐助银洋重建万安桥

金建英

当你走进相城区渭塘镇凤凰泾北雪泾，仿佛穿越时光到了古韵悠长的明洪武年间。在这里，有一座承载着历史沧桑与人文情怀的桥梁——万安桥，它静静地横跨在北雪泾河面上，在微波荡漾中诉说着600多年来的故事。

万安桥，始建于明洪武二年（1369），与北雪泾城隍庙并肩而立，初为木构。

北雪泾城隍庙建于明洪武二年，是为纪念唐朝抗击安史之乱叛军的英雄张巡而建。朱元璋亲笔御赐一块双龙戏珠金匾，上书"敕封江南苏州府城隍司张巡加封英济王兼理水火二部"。匾一直挂在城隍庙的山门上，新中国成立初被取下。

北雪泾城隍庙自古以来香火甚旺，香客进庙上香，走陆路要经过北雪泾河上的一座木桥。这木桥虽说经历代修建，可到了民国时期，因年久失修，加上香客奇多，行人过桥很危险。于是在民国二十三年（1934），经一位好心人的资助，重建成了三孔花岗石质梁桥，在当地留下一段感人的故事。

一胡姓人士，浙江湖州人，在上海以开钱庄为业，家境颇优渥。一日，他来苏州城里谈妥了一笔生意，非常开心。他想到了苏州北面的凤凰泾有一位故友，多年不见，很想见见面。于是，他在苏州城里住了下来。第二天，天刚蒙蒙亮，他敲开了船行的门，雇了一条船，直奔苏州北去。

一路上，他在船头有时坐有时站，微风吹拂，两岸风光秀丽，还能望见村庄里的袅袅炊烟。临近中午，船快到凤凰泾了，他看到岸上人来人往，像节日里去赶集，好不热闹。

他老远就看到朋友在村口的岸边招手。一上岸，就迫不及待地向朋友打听，今天是什么日子，岸边行人怎么会这么多。朋友告诉他，今天是十五，人们都是去北雪泾城隍庙烧香的。

胡姓人士一听，说到了这里，也是有缘人，要去城隍庙烧烧香。吃过中饭，二人欣然同往。远望北雪泾河两岸风光，只见绿水荡漾，湖面开阔，水乡泽国，古寺梵音，一下子把胡姓人士带入佳境——这是人间天堂呀。

走着走着，二人就走到了木桥边，胡姓人士一看，木桥破破烂烂的，损坏很严重，于是他小心翼翼地过了桥，汗都出来了，这是会威胁到人的生命的呀。

胡姓人士在城隍庙烧香拜佛，许愿要捐资修木桥，让来城隍庙烧香的香客平平安安的。

就这样，胡姓人士自愿捐助银洋1000块重新建桥。

在建桥施工中，出了点意外。建桥时，脚手架发生了事故，5名师傅跌入河中，但是无一人受伤，大家都说是神灵保佑。还有建桥的工头，平时好赌，把捐助资金输掉近半，胡姓人士知道后，愤怒地想去告官。后来经北雪泾乡绅张省庆劝说，此事得以平息，胡姓人士也了却了心愿。

翌年4月，桥竣工，取名"万安桥"。万安桥跨北雪泾河，呈东南—西北向，全长25.1米，宽3米，为3孔石质梁桥。中孔桥面石长6.9米，边孔桥面石长5.1米，桥宽3米，高2.9米。桥面使用长方形石板铺就，整桥坚固实用，挺拔美观。设桥塂，南北各为12步级；桥身尚有揽船石等物。桥墩为框形结构，设立柱2根，中间采用金刚墙叠砌法；中孔桥墩为金刚墙叠砌，上加耳石4根，均为花岗石；桥面设望柱4根，两侧石栏完整；桥两侧留有桥联两副，东侧明柱刻有阳篆对联"万里前程资便利，安康大道乐升平"，西侧明柱刻有"安土长敦再选，万人喜得交通"。正桥洞两侧凿有"放生官河""禁止捕捉"楷书字样。桥墩、桥板、桥栏、阶步石均为花岗石,桥栏之间还有一种较特殊的定胜糕形铁钉,十分牢固、别致,颇具近代建筑风格。

万安桥新建后,北雪泾城隍庙香火越发旺盛,周边群众往来烧香祈福更加便利。若干年来,万安桥周边景象不断改变,一代又一代居民走过万安桥,祈求"万安"。

万安桥至今完好。桥身两侧,两副桥联仿佛在低语过往的辉煌与沧桑。而桥面上的长方形石板,历经岁月磨砺,依旧坚固耐用,每一步都踏出了历史的回响。

离它不远处的渭塘紫薇文化园已显现风貌。这个独具江南特色的生态文化园林景区,与万安桥深厚的历史底蕴相得益彰。万安桥也在繁华馥郁的紫薇花中,焕发出新的生机。

2009年,万安桥被苏州市政府公布为第六批苏州市文物保护单位。

"黄埭四小姐"捐建石板路

金建英

万安桥重建竣工后，方便了陆路前往城隍庙上香的香客。但从苏州到常熟的大路上，有一条通往城隍庙的小路。这地方本没有路，走的人多了，就成了路。这条路有 2 千米左右，一直都是烂泥路，遇上下雨天，香客在泥泞的路上寸步难行，身上往往都是烂泥水。进庙供香是一身脏衣服，香客很内疚，觉得对菩萨大不敬。

民国初期，黄埭有一位小姐，是家中的第四个也是最小的孩子，因家庭条件优越，从小就养尊处优，知书达理，街上人称"四小姐"。

时光过得很快，一转眼，黄埭四小姐到了十七八岁，长得亭亭玉立，心地又善良。四小姐情窦初开，看上了自己家中的雇工阿根。这个阿根，二十来岁，外乡人，来黄埭下街谋生的。三年前，四小姐的父母看他有强壮的体魄，人老实，做事勤快，才把他留下来做工。

一日，老两口发现女儿看上了阿根，一个晴天霹雳，不知如何是好。

老两口商量了一夜，没合眼。第二天，天刚蒙蒙亮，老两口从窗缝里望到，阿根在天井里扫地，扫帚扬得很高。

老两口走下楼，跑到客厅外面的走廊朝阿根招招手。阿根放下扫帚，朝主人奔去。

老两口回到客厅，坐在红木四方桌两旁的太师椅上。四小姐的父亲开口了："阿根呀，你来我家有几年了？"阿根回答道："老爷，我来你家有三年了。"

"时间过得好快，有三年了。今天想跟你说个事，我家有个远房亲戚，托人来说想来我家谋个差事。我给你些盘缠，你去外地做点生意，谋个生计吧。"四小姐的父亲这样说道。

"好吧，能不能等会儿走，让我见见四小姐，跟她说一下。"阿根无奈地说道。"不用了，不用了，昨晚小姐身体不舒服，半夜里才睡着了。"四小姐的母亲急切地说道。

阿根回到自己住的房间里，整理好衣物，一步一回头地离开了四小姐的家。

清晨，四小姐从睡梦中醒来，阳光透过窗户，很温暖。整整一天，她也没看到阿根。"呀，阿根去哪了？不是说好要去湖边看落日的吗？怎么人影也没看到？"四小姐自言自语道。

四小姐去阿根住的小屋子一看，空空的，就跑去找父母问个明白。"阿根的家里托信来要他回去结亲，所以他回老家了。"四小姐的母亲对四小姐说道。

从此以后，四小姐心灰意冷，不跟人说话，光在家做做针线活。四小姐的父母看着女儿这样，总是唉声叹气的。就这样，过了两年。

一天，四小姐的母亲跟四小姐说："女儿，我今天在街上看见一个女孩穿旗袍，好漂亮喔。要不，我们家也开个旗袍店？这样，你可以穿好看的旗袍，也可以帮其他人做旗袍。"

四小姐想想，也同意了。于是，家里人请来了一个做旗袍的老师傅，旗袍店就这样开张了。由于四小姐聪明好学，跟师傅一学就会，两人一起做的旗袍样式好看、质量又好，受到了街上民众的好评，争相来做旗袍，生意红红火火的。不仅如此，她还帮助穷苦的人。就这样"黄埭四小姐"也是好名远扬了。

直到民国二十四年（1935）的一天，店里来了一群顾客，热闹地聊天。"北雪泾城隍庙初一十五，人多得不得了。""以前的那个万安桥，破得不得了，走上去，人啊吓得汗出来咯，旧（去）年，修了新桥，真的好，在桥上望望风景，真的好看。就是落雨天不好，烂泥路，滑得不得了，一个不小心，就要摔跟头，根本不好着旗袍。"大家你一语我一言的，说者无心，听者有意，四小姐就上前打招呼，说："哪天，你们去城隍庙，带我一起去。"

到了初一，那天正好下大雨。四小姐跟着大家去北雪泾城隍庙烧香，看着香客在通往城隍庙的烂泥路上艰难行走的身影，暗下决心，一定要捐银圆铺设石板接步路。

于是，过了几天，她叫来了水工匠人，查看了路基情况，并且要求保证施工质量。

四小姐捐了500块银圆，还派人到现场查看。就这样，石板接步路铺设完工，每块石板长60厘米，宽30厘米，选用黄石质地，既美观又方便了香客上香。即使是下雨天，香客都能穿着好看的衣服，干干净净地去烧香拜佛。每次香客路过此地，都念着"黄埭四小姐"的好，说她是菩萨心肠。

新中国成立后，城隍庙被取缔，石板陆续被人搬走，至1957年，所剩石板寥寥无几，1958年石板接步路改造成了灌溉渠道。1999年11月8日，重建城隍庙，于2000年底竣工，通往城隍庙的路也修建成水泥路。虽然"黄埭四小姐"捐建的石板路已无影无踪，但她的故事一直流传至今。

吴先主建御亭

卢群

　　孙坚是东汉吴郡富春（今浙江富阳）人。东汉末年，群雄并起，干戈不休。经过长期的争战，逐渐形成了北方的曹魏、长江上游的蜀汉、长江下游的孙吴三个割据政权，出现了三国鼎立的局面。其中，割据江东的孙吴政权就是在苏州发迹的。

　　孙吴政权的奠基人是孙坚。孙坚的一生很短暂，却很有色彩。他生得广额阔面，虎背熊腰，17岁时，一次与父亲乘船到钱塘，见海贼十余人抢劫了商人的财物，在岸上分赃。父亲对他说："此贼可擒也！"孙坚提刀上岸，扬声大叫，佯作指挥，海贼以为官兵杀至，尽弃财物，四散逃窜。孙坚赶上，斩杀一贼，余贼越发胆寒，逃得更快，眨眼工夫已影踪全无。可见，孙坚不仅勇武过人，还非常智慧。这件事后，他在全县出了名，连郡里也听说了他的名声，将他荐为会稽校尉。孙坚上任不久，有个叫许昌的造反，自称"阳明皇帝"，聚众数万，孙坚招募了勇士千余人，以少击众，大获全胜，斩许昌及其子许韶。孙坚因功被授为盐渎丞，继而又被授盱眙丞、下邳丞。

　　孙坚起自县吏，随朱儁、张温、袁术等征战多年，在平定黄巾军过程中不断升迁，一直做到长沙太守，封乌程侯。孙坚拥有了大量部曲，实力飞速地发展壮大起来。董卓乱政，孙坚参加诸侯联军征讨董卓，表现最为积极，数次击败董卓的部队。一次，孙坚率部下至苏州城西太湖之滨，见那里土肥水清、稻谷飘香，便驻扎下来操练兵马。有人告诉他，这里原名长洲苑，乃春秋时期公子光与伍子胥商量夺取大位的地方，事成之后建有一座凉亭以志纪念。孙坚听后浮想联翩，随即吩咐手下建起一座石亭，并对孙策、孙权两子道："大丈夫，应立鸿鹄之志，为父把此亭赐名御亭，你们以为如何？"孙策、孙权心领神会，连连称好。后来，孙坚受袁术派遣与刘表交战，击败了刘表的部下黄祖，却在一次追击中被黄祖的士兵射杀，死时年仅37岁。

孙策是孙坚的长子，父亲死后，他回到了江东。将父亲安葬后，他于兴平二年（195），占据了丹阳、会稽。孙策凭着他的名声，招贤纳士，聚数万之众，纵横江东。战乱年代的百姓，见到军队都会逃走，但孙策严肃军纪，不许掳掠，更不准滥杀，因此地方上鸡犬不惊。百姓牵羊担酒到营寨劳军，孙策以钱帛答谢，引来一片欢声。从此，江东百姓亲切地称呼孙策为"孙郎"。

当时有个自称为"东吴德王"的严白虎，据守着吴郡。听到孙策的兵马来到，便命弟弟严舆出兵，两军会战于枫桥。这枫桥不太宽大，严舆横刀立马于桥上，大有一夫当关万夫莫开的气势。有人将此情形报给了孙策，孙策当下就要出去迎战。属下劝他说：主将是三军的统帅，不适宜自己亲自出马迎战这样的小寇，希望将军慎重。孙策感谢了他们的好意，说："如果我不亲冒矢石，今后就无法令将士们信服了。"孙策拍马冲上枫桥，勇不可当，嚣张一时的严舆只好退下枫桥，逃往城内。孙策夺了枫桥，趁胜杀将过去。他兵分两路，水陆并进，围住了苏州城，一困就是三日，城内没有一人敢于出战。

大军压境，严白虎委派弟弟严舆出城向孙策求和，孙策请他到自己帐中，以酒水款待。酒至半酣，孙策问严舆如何打算。严舆说："欲与尔平分江东。"听到这话，孙策勃然大怒："鼠辈安敢与吾相等！"当即命令斩杀严舆。严舆拔剑起身，孙策飞剑砍去，严舆应声而倒。孙策命人割下严舆首级，派人送与严白虎，严白虎知道再也敌不过孙策，便弃城而走。

孙策赶走了吴郡太守许贡，消灭了割据武装严白虎之流，完全控制了苏州一带。到建安四年（199），孙策已经占领了包括吴郡、丹阳、会稽、庐江等六郡在内的江东之地，建立了以苏州为中心的孙吴政权。曹操以汉献帝的名义，表孙策为讨逆将军，并封其为吴侯。

孙策据有江东，依靠的是江东土著大族的支持。确实，江东土著大族对孙吴政权有举足轻重的意义。江东土著大族以吴郡顾、陆、朱、张四姓最为著名，陆机《吴趋行》说："属城咸有士，吴邑最为多。八族未多侈，四姓实名家。"吴郡所属城邑，几乎都有强宗存在。这些大族据高官、享厚爵。《世说新语》中曾称"陆忠、顾厚""张文、朱武"，即陆氏忠烈，顾氏仁厚，张氏尚文，朱氏重武。在孙吴政权中，顾雍、陆逊都曾贵为丞相，顾、陆两姓子弟为官者相继，是孙吴政权的两大支柱。他们还拥有强大的经济、军事力量，所谓"吴名宗大族，皆有部曲，阻兵仗势，足以建命"。东晋史家孙盛评论说：孙策虽据江东，但"势一则禄祚可终，情乖则祸乱尘起"，就是说，江东大族如果一致支持孙氏，那么孙氏的政权就可以延续下去；如果意见发生冲突，那么孙氏的天下就难保了。孙吴政权深谙其理，所以无论是军事上还是经济发展上，孙吴政权都下了十足的功夫，出现了"其野沃，其民练，其财丰，其器利"的局面。

遗憾的是，孙策在得了吴郡的第二年就遭到了许贡的门客暗杀，时年26岁。孙策临终，遗命弟弟孙权继位，并对孙权说："举江东之众，决机于两阵之间，与天下争衡，卿不如我；举贤任能，各尽其心，以保江东，我不如卿。"孙权年轻时跟随兄长孙策平定江东，成为江东之主后，208年，起兵西进，剿灭黄祖，报了父仇。曹操为了笼络他，封他为讨虏将军，领会稽太守事。孙权却审时度势，果断联合刘备与曹操决战，以8万将士对阵曹操83万大军，取得大捷，这便是历史上有名的赤壁之战。此后，孙权以苏州为根据地，苦心经营鼎足江东的事业。219年，夺回荆州，生擒关羽，并将其斩首。221年，任命39岁的陆逊为都督，迎战前来复仇的刘备，火攻连营七百里，大破蜀军。223年，刘备病逝，诸葛亮为了北伐，主动与孙权讲和，孙权从大局计，重新联蜀共伐曹魏。224年，曹丕大军攻打孙吴，孙权让徐盛火攻破敌。229年，孙权称帝，史称"东吴大帝"。登上帝位的孙权，追封父亲孙坚为武烈皇帝、兄长孙策为桓王。

因父孙坚当年建造的石亭（御亭）已有毁坏，敕令在望亭修缮御亭。

因为孙坚自称是孙武后代，而望亭有孙武训练吴国精锐之师的长洲苑，孙权建立的政权，国号也是"吴"，他在望亭修缮纪念父兄的亭子，无疑是在昭告天下，自己将继承先祖孙武及父兄的精神，打造出神威劲旅，将东吴推向强盛，推向巅峰。

一座御亭，蕴藏的是一代帝王的雄心。

鹤溪

卢群

清雍正年间，望亭一度改称"鹤溪"。据说这次改名是雍正皇帝的意思，其中有着深刻的政治含义。

雍正皇帝爱新觉罗·胤禛（1678—1735），康熙第四子。雍正在位期间，应该算个不错的君主。他实行了一系列有利于国计民生、拓疆固边的政策。如"摊丁入亩"，将丁银摊入田赋一并征收，改变过去按人丁、地亩双重征税赋的标准，减轻了无地和少地农民的负担。"耗羡归公"。清初沿袭明制，各地征收钱粮，加收"火耗"（碎银加火铸成银锭时的折耗，亦称耗羡），官员任意加派，一两可加数钱。因不在上缴正额之内，官员从中任意侵贪，成为官场公行的陋习。雍正将火耗一分为三，一份给地方官养廉，一份弥补地方亏空，一份留地方公用。这样，既增加了财政收入，又有助于廉政。"重农"，雍正鼓励开荒，在他一朝，全国田地从735万顷增至890万顷，疏浚卫河、淀河、子牙河、永定河，修建黄河、运河堤岸、江浙海塘工程。"蠲免钱粮"，雍正在位十三年，免了十二年灾区的赋税和一些地区的漕粮。"废除贱籍"，雍正元年（1723），山西、陕西因明建文末年未依附朱棣而被编入"乐户"籍的人的后代，一律摘除其"乐户"籍，列入民户籍。同年九月，绍兴曾反对朱元璋的人的后代，从"惰民"籍改为民户籍。雍正五年四月，免除粤东"疍户"籍，使其成为民户。"重用汉臣"，雍正一朝最受宠信的四位臣子李卫、田文镜、张廷玉和鄂尔泰，除鄂尔泰，其余三位均为汉人，占了四分之三。"改土归流"，在西南少数民族地区取消了土司，改派由中央任免的官员管理，此举对减轻少数民族地区人民的压迫和剥削有帮助，对清朝实施全国性的统治和国家的统一有重要意义。他还平定罗卜藏丹津之叛，青海完全归入清朝版图；与俄国签订《布连斯奇界约》《恰克图界约》，划定了清俄中段边界，稳定了清俄边界局势，促进了清俄边界地区的经济发展和贸易。此外，值得一提的是，雍正勤于政事，平日除却睡觉，大部分时间都在批阅奏折，每天睡眠时间不到4个小时，经他朱批过的折子，有360卷之多，实在是极其巨大的工作量。

然而，在许多人印象中，雍正名声不太好。人们诟病雍正，主要集中于两件事，一是篡位，二是对待同辈兄弟很残忍。篡位之说认为雍正篡改了康熙的遗诏，把诏书上"传位十四子"的"十"字添加了一横一勾，变成了"传位于四子"。这种说法荒诞不经，须知清朝的诏书，都是用满、汉两种文字书写，纵然改得了一个汉字，满文却改不了，只有脑子进了水才想得出这种馊主意！

至于迫害兄弟，倒是事实。康熙皇八子胤禩被雍正削去宗籍，高墙圈禁，并被改名为"阿其那"，满语中意为"狗"；康熙皇九子胤禟被发配西宁，随后也被削宗籍、圈禁，并被改名为"塞思黑"，意为"猪"；康熙皇三子胤祉、皇十子胤䄉、皇十四子胤禵被圈禁；康熙皇十二子胤祹被降爵。如此看来，雍正是够残忍的，但我们需要指出，这几位皇子，明里暗里与雍正较劲，反对、阻挠雍正定下的方针大计，结党拉帮，图谋争夺帝位。封建时代，皇帝宝座之争从来都是血腥的，他们中的任何一位取代了雍正，康熙第四子胤禛的下场也不会好半分。

雍正知道自己与兄弟间的残酷斗争，将在历史上被记一笔，成为他永远抹不掉的污点。他是皇帝，但皇帝也是人，他也有和普通人一样的苦闷，也想倾诉。又因为他是皇帝，不能直白地把苦闷倾诉出来，而要找个委婉的方式，让世人相信自己内心并不愿意手足相残，他的这几位兄弟之所以落到这个下场，完全是咎由自取。雍正苦思冥想，却始终想不出一个好方法。一天，雍正翻阅唐诗，白居易的一首《感鹤》引起了他的注意。诗云："鹤有不群者，飞飞在田野。饥不啄腐鼠，渴不饮盗泉。贞姿自耿介，杂鸟何翻翾。同游不同志，如此十余年。一兴嗜欲念，遂为矰缴牵。委质小池内，争食群鸡前。不惟怀稻粱，兼也竞腥膻。不惟恋主人，兼也狎乌鸢。物心不可知，天性有时迁。一饱尚如此，况乘大夫轩？"意思是仙鹤本应卓尔不群，无论何时何地都应保持高洁的品行和节操，可是，有一些鹤中败类，经不起稻粱腥膻的诱惑，变得卑鄙可耻，丑态百出。雍正从这首诗中受到了触动，心想，鹤在中国文化中有崇高的地位，是长寿、吉祥和高雅的象征，常与神仙联系起来，故而称为"仙鹤"。胤禩、胤禟之类，出身天胄之室，本应是鹤中之魁，但他们不自尊重，甘愿堕落，成了鹤中败类，他身为皇帝，只能忍痛清除。雍正决定将这层意思宣告天下，这样，他就站到了道德制高点上，他对这几位兄弟的惩罚就是英明之举了。

正巧各省奉旨编绘的地图呈送皇帝御览，雍正在江苏地图上看到望亭的形状酷似一只展翅飞翔的仙鹤，当即传旨给江苏巡抚，将望亭改名为鹤溪，并写下长长一大段御批，大谈一通对鹤的诠释。雍正认为采取了这项措施，便可消除臣民的猜忌了。他这么做的效果究竟如何，我们不得而知，我们知道的，是望亭镇名史上，多了个别名。

望眼欲穿"望齐台"

沈惠勤

《吴越春秋·阖闾内传》记载:"齐子使女为质于吴,吴王因为太子波聘齐女。女少思齐,日夜号泣,因乃为病。阖闾乃起北门,名曰望齐门,令女往游其上。"

这里讲述了一个大工程的建设,也蕴含着一段齐女的凄婉故事。

吴王阖闾时代,"西破强楚,北威齐晋"。面对强盛的吴国,年迈的齐景公已经没有抵御的能力,如何保得齐国的平安让他日夜焦心。他想到了心爱的小女儿少姜,把她嫁给阖闾的太子波,用政治联姻的方式求和显然是最上算的办法。可这巨大的威压倾向了少姜,她要承载远离家乡、远离父母之痛,她要承载有可能在变局中当牺牲品的人质之危。这对齐国固然是好,可是少姜个人要做出极大的牺牲。

国危难解,痛定思痛,齐景公还是选择一个日子把少姜远嫁吴国。少姜泪眼婆娑,这次远离,相当于诀别,也不知何年何月再相见。

少姜千里迢迢来到吴国,身处人生地不熟的环境,她心间涌起一股难言的悲痛,她是多么想念自己的齐国呀。幸好有太子波可以依靠,他相伴左右,有情有义。可是波不久就离世了,这沉重的一击让少姜一下失去精神寄托,孤寂难耐,天天以泪洗面,时时思念千里之外的齐国。她好思念家乡的月亮,她好挂念那些曾经亲近的人儿啊!

为了纾解少姜的思乡之苦,吴王阖闾不惜工本要为少姜造思乡之门、登高之台。

少姜登上望齐台,远眺陌陌红尘,望眼欲穿,却依然一片茫然,造望齐台只是宽慰人心的一个壮举、一片善心,家乡的屋舍何在?家乡的山水何在?家乡的田园何在?家乡的亲人何在?少姜更加郁郁寡欢,对齐国的思念之情非但没有减轻,反而日甚。她闷闷不乐,积郁成疾。

临终时,少姜留下遗言,要葬在虞山之巅,好让灵魂可以牵系那片生养自己的地方。

少姜去世后,按照她的遗言,吴王阖闾吩咐在常熟虞山东南岭最靠近仲雍、周章等吴国早期君主墓的地方安葬了她的遗体。有关此墓,《吴地记》还记载了一个神话传说:这位齐国公主下葬以后,墓里有白龙冲天离去,所以此坟又叫"母冢坟",意思是龙的母亲的坟。

齐国公主少姜的故事十分凄婉,她在政治联姻中修和了吴齐两国的关系,自从她嫁到吴国,直到阖闾去世,吴国都没有向齐国兴起战事。

漫长的历史烟云中,巍巍望齐台消失了,但那故事一直触动着人,引起人的感怀。

苏州作家施晓平《苏州城门城墙那些事》载:"抗日战争前,《齐溪小志》作者李楚石(又名受之)曾发起建造望齐台,来纪念齐门的这段历史。这个望齐台旧址在齐门桥北堍西侧沿河,是一间只有三堵墙壁的房屋,屋内竖有一块碑,上刻望齐台三个正楷字,但没过多久,这一建筑就在日军侵占苏州前被日机炸毁了。"

齐门是苏州古城八大门中至今唯一没有重修之门,因为其被拆掉前未曾留下照片而无从参照,如今只重修了一座"望齐台"。

历史中的望齐台已经扑朔迷离,不知所终,可是那段凄婉的齐国公主的故事却流传至今。

庄湖、季氏与宅基村

张瑞照

　　苏州望湖湾宅基村村名的由来，得从春秋战国时期在太湖捕鱼捉虾的一对老年夫妇庄湖、季氏说起。

　　庄湖年临花甲，与老伴季氏膝下有个儿子。儿子长大成婚，与妻子你敬我爱，相处和谐。小夫妻俩见父母亲年事已高，因此让他们在家歇息，自告奋勇下湖捕鱼捉虾。天有不测风云，一日天气骤变，狂风大作，把捕鱼小船掀翻，年轻夫妻葬身湖底，白发人送了黑发人。

　　为了生计，庄湖复而与妻子季氏操舟下湖，风里来雨里去。

　　一天，老两口出门打鱼回家，见家门口卧着个白发苍苍的男子。庄湖仔细一看，那男子尽管须发雪白，然而看他皮肤还算年轻，再一摸胸口，尚有"扑扑"心跳，顿生恻隐之心，遂把这人搀扶入屋。白发男子躺在床上，苏醒过来，见到庄湖，连声央求："给口粥充饥，讨口水解渴……"庄湖即吩咐妻子烧煮米粥，尔后一口一口喂给白发男子喝下。

　　白发男子喝了米粥之后，渐渐恢复体力，翻身下床，双膝下跪，感谢相救之恩。

　　庄湖便问他哪里人氏，又去哪里营生，怎会饿昏在这里？白发男子见老两口为淳厚打鱼人家，一五一十说出了实情。

　　原来此人姓伍名员，字子胥，出生于一个世代文臣武将优裕宠贵的家庭。

父亲伍奢为楚国太师，辅太子建，见楚平王荒淫无耻，轻信谗言，意欲废黜太子，遂上朝规劝楚平王为社稷着想，悬崖勒马，整顿朝纲，严惩腐败。不想楚平王在奸臣挑唆下，恼羞成怒，把他父亲伍奢和兄长伍尚推出斩首。为了赶尽杀绝，令三千铁甲追杀他。伍子胥在伍家坡众乡亲的相助之下，躲过楚平王将士一路的追杀，闯过昭关至溧阳，复行三百里，到了北太湖望湖湾。因他几天粒米未进，饥肠辘辘，见到湖边有几间茅屋，欲讨几口果腹之食，见茅屋大门紧闭，正欲去湖边拔几根芦苇根充饥，不想眼前金星乱飞，突然一黑，昏厥倒地，不省人事。

庄湖、季氏夫妻俩尽管是一介平民，但早就听说楚平王昏庸无道，听了伍子胥的话之后劝慰道："如不嫌弃，这里是你栖身之屋，有你果腹之粮。"伍子胥听罢，感激涕零。

自此以后，伍子胥在三间茅屋中住了下来，当他得知老两口儿子媳妇已不幸蒙难，便与老两口一起下湖捕鱼捉虾，尔后去附近集市售卖，换些生活用品回家。

伍子胥售鱼，为了吸引客户，遂从竹林里取来根竹子，做了箫，边吹边卖。顾客买鱼，伍子胥热情好客，生意十分红火。

伍子胥出奇的行迹，引起了正在那里逛街的吴王僚儿子庆忌的注意。

吴王僚夺得王位之后，正在广纳天下人才，他听了儿子庆忌的介绍，即刻差手下把伍子胥引领入宫，接见了他。伍子胥从小饱读诗书，文韬武略，无所不精，略加思索，侃侃而谈。吴王僚一听，觉得伍子胥果然是个奇才，有意重用。可没隔几天，吴王僚在庆忌怂恿之下，又改变了主意。

原来，一天伍子胥从吴王僚那里归来，步行于街头，正遇庆忌带了几个家丁招摇过市。庆忌看到一年轻女子美若天仙，垂涎欲滴。他给手下使了个眼色，便离去了。几个家丁心领神会，趁着那年轻女子步至街尾，行人罕见，一轰而上，抢了就走。伍子胥看到，打抱不平，立马上前阻拦。庆忌手下狐假虎威，出手直扑伍子胥。伍子胥见这帮歹徒胡作非为，施展浑身解数，击退了这帮恶棍。

那年轻女子是公子光门客要离之妻小米。小米是北太湖人氏，返回娘家探望父母，不想途中遭这帮恶棍骚扰，所以十分感激伍子胥出手搭救。

庆忌从手下口中得知，是伍子胥相阻，才使自己到了嘴边的"美食"丢失，觉得这人不通人情，日后一旦成为父王幕僚，难以驾驭，所以上谏父王："孩儿考虑再三，要是启用伍子胥这个亡命之徒，会得罪楚平王，还是忍痛割爱为上。"

伍子胥复而住进了望湖湾的三间茅屋，与庄湖、季氏一起过着日出而渔、日落而息的渔民生活。

一天，他与庄湖、季氏下湖捕鱼，满载而归，十分高兴。第二天，伍子胥对庄湖、季氏说："你们年岁已高，让我把鱼挑去集市卖了换来米油吧。"庄湖、季氏甚是高兴。伍子胥把鱼倒入木桶，挑了赶往集市。前些日子，他因当街击退了庆忌手下家丁，所以大家认为他是不畏强暴的英勇汉子，见他吹着箫又来卖鱼，所以争先恐后地前去他的鱼摊，一个时辰不到鱼就被买得一条不剩。伍子胥拿了卖鱼钱前去米行购了米粮，进了肉铺，斩了几斤猪肉，兴冲冲地赶回望湖湾。

到了望湖湾，他见茅屋大门洞开，高声唤道："庄叔，季婶，今天卖了个好价钱，我买了几斤猪肉回家，好好犒劳一下你们二老……"他没听到里屋的回音，三步并作两步跑了进去，四周一望空无一人，正感到奇怪……突然，他看到季婶伏在桌上。他拍了一下其背，不见回音，扶起一看，季婶一脸是血，已气绝身亡。正在这时，里屋传来哼哼呻吟之声，他放下季婶，跨步入房，只见庄叔倒在血泊之中，奄奄一息。伍子胥问道："庄叔，这是怎么回事？"庄湖断断续续讲出了刚才发生的事。

原来伍子胥出去卖鱼，茅屋来了两个手执朴刀的莽汉，开口讨口水喝。季氏进屋沏了杯茶端上，便问："两位来此，有何贵干？"不想那两个莽汉坐下之后，劈口问道："这里住了个名字叫伍子胥的人？"季氏说了实话："他去上街卖鱼，不时就会回来。"听了这话，一瘦高莽汉，拔刀砍了季氏一刀。庄湖在里屋听到外面妻子一声惨叫，赶了出去。看到眼前发生的一幕，他正要上前与两个莽汉理论，一矮胖莽汉持刀把他逼进屋内，举刀向他砍去。庄湖殊死相抗，终因力不从心，被胖汉砍上几刀，血流如注，跌倒在地……

伍子胥正要背庄叔前去集镇郎中那里抢救，庄叔一口拒绝，声如游丝："这两个歹徒是冲着你来的，如今或许躲在暗处，你要千万小心。老朽身中数刀，看来已无回天之力……"言罢，头一倾，双眼一闭，撒手而去。

伍子胥心如刀绞，泪如泉涌，长叹一声道："我刚来吴郡，人生地不熟，何来冤家对头？天啊，你等对伍某有仇只管冲着我而来，持刀对手无寸铁的老汉弱妇，你们算什么好汉！"此时门外传来声响，伍子胥靠着木窗往外一看，只见一瘦一胖两个莽汉执刀直扑而来。伍子胥怒不可遏，嗖的从胁下拔出佩剑，冲出了屋，面对莽汉大声斥道："哒，看来你俩是冲着我来的？"

一胖一瘦两莽汉先是一惊，当看清面前站着一人，胖汉道："哈哈，快快跪下受擒，免得爷俩动手。"伍子胥道："我与两位素昧平生，为何苦苦相逼？"胖汉道："我俩奉命前来擒你是问！"伍子胥道："既然你俩奉命而来，请问是奉了谁的命，让我也心中有数。"瘦汉狐假虎威："嘿嘿，你竖起耳朵听好了，那人可是当今大王的公子庆忌……"伍子胥听了丈二和尚摸不着头脑："我与庆忌何来怨仇？"胖汉道："是你坏了公子好事，怎么，自己干了却忘了？"他见伍子胥依然一头雾水，开门见山道："前几天你在集市街心，把一个美女救走。要不是你扰局，如今这美女应在庆忌公子怀中，这可是她的造化。可你管起闲事，坏了公子好事。"

伍子胥恍然大悟，厉声斥道："既然你俩奉命来取我首级，为何要滥杀两位无辜老人……"胖流强词夺理："谁叫这两个老东西撞到我们刀口上……废话少说，还不快快跪下求饶，让你留个全尸！"伍子胥怒发冲冠，挥剑直逼胖汉："我先送你去西天！"胖汉举刀而挡，震得双臂发麻，"当啷"一声，刀掉落在地。伍子胥抢前一步，举剑直刺他心胸。胖汉中剑，一会儿冒出一股污血，跄踉几步，跌倒在地。瘦汉见状，持刀向伍子胥扑来。伍子胥卖了个破绽，瘦汉扑了个空，收脚不住，向前冲去。伍子胥返身挥剑向他后脑砍去……

伍子胥返身安葬了庄叔、季婶，尔后跪在坟前，声泪俱下：“恩人啊，你俩救了我，自己却丢了性命……”未了，他站起身后直奔吴都，寻找庆忌算账。后来伍子胥听人说庆忌率兵去了卫国，为此他在吴都住了下来，以吹箫卖艺乞讨为生。

后来伍子胥入公子光门下，相助他夺了大位，即吴王阖闾。吴王阖闾册封伍子胥为行人，管理国家大事。尽管伍行人日理万机，但他有空便去北太湖望湖湾祭祀恩人庄湖、季氏。附近百姓得知庄湖、季氏在伍大夫穷困潦倒时曾出手相助，敬其人品，故把庄湖、季氏当年居住的三间茅屋尊称为“大庄宅基”，简称“宅基”。

吴王长洲苑

卢群

　　孙武以兵法十三篇进呈吴王阖闾，阖闾大喜，筑坛拜将，封孙武为吴国陆军统帅。吴王问计于孙武，说："寡人欲争霸天下，却有楚国挡道，奈何？"吴王这一问，直指谋国施政的关键，的确，吴国若要强盛，首先要消除来自楚国的威胁。

　　吴楚之间不可能不打仗，这几乎是一种宿命。吴国自泰伯始建，一直是个小邦，疆域辽阔的楚国根本不把它放在眼里，楚国的边军想来就来，抢吴民的粮食，掠吴地的妇女，吴国只能忍气吞声，不敢与之相争。吴王的位子传至十九世寿梦，他不甘心再受楚国欺凌，将都城迁出梅里，向东南发展，打算积蓄力量，与楚国一争高下。这时有了个机会，晋国派人来帮助吴国，来的人名叫申公巫臣。申公巫臣原是楚国的大夫，因为怨恨楚国大将子反，逃到了晋国。晋国和楚国是对头，晋国的国君想扶持吴国，让吴国在楚国后方捣乱，达到牵制楚国的目的，便派申公巫臣出使吴国，教给吴国用兵之术和车战之法。

　　吴军的战斗力有了明显提高，寿梦就有了与楚国抗衡的资本，吴楚之间的战争就不断发生了。寿梦坐上王位的第二年，就使用刚组建的车战部队，主动进攻楚国。这次战斗，吴军并未占到多大便宜，但对吴国上下起到的鼓舞作用不可小觑，过去都是楚军打吴国，如今反过来吴军打楚国了，当然扬眉吐气，腰杆子也挺直了。所以接着隔三岔五，寿梦就会挥师西进，征伐楚国。楚国被吴军骚扰得苦不堪言,在寿梦十六年(前570),楚共王发兵伐吴,吴楚两军在衡山大战一场,不分胜负,各自收兵。这一仗后,两国太平了一段日子。寿梦死后,传位给长子诸樊,诸樊继承父志,当上国君的当年秋季,就发动了对楚国的战争,一打就打了十年。楚灵王集结大军伐吴,吴国反攻,大胜,取楚三邑。诸樊十一年(前550),楚国连续两年伐吴,吴军在乾谿这个地方击退楚师,保卫了胜利果实。吴王之位传到僚手上,僚二年(前528),命令公子光率军伐楚,一战失利,王舟也成了楚军战利品,公子光组织突袭,复得王舟而还;八年,吴王僚再遣公子光伐楚,败楚师;九年,公子光伐楚,拔居巢、钟离二城。

公子光就是吴王阖闾,他从僚手中夺得王位后,更是一心想彻底战胜楚国。阖闾有这个心思,一方面是由于吴国只有击败楚国,方能获得迈向霸坛的入场券;二是由于他第一次指挥对楚作战时,出师不利,王舟落到了楚军手里。王舟是指挥船,失去王舟是个奇耻大辱。他马上组织反攻,将王舟夺了回来,并在随后几年的对楚用兵中,屡败楚师,虽取得了楚国两个城邑,但这些光环并不能冲淡他内心埋藏着的耻辱感,只有等到把楚国完全打垮的一天,他才能抹去这心头之痛。

因此,阖闾启用孙武,最希望听到的是能够完胜楚国的计谋。

孙武说:"楚国疆域、人口皆十数倍于吴,楚国好比大象,吴国好比猎犬,犬再凶猛,咬得大象几口,也不足以致其死亡,待它缓过劲来,奋力一甩长鼻,或就鞭毙了犬。故而,我们要有一击制胜的力量,吴国现有部队还不够,这就需要加紧训练精兵。"

阖闾说:"寡人也有此念,但楚国间谍渗透在吴国各军事要地,我们怎样才能瞒过他们的眼睛呢?"

孙武说:"大王不妨辟地建苑,明为狩猎之地,实为秘密训练精兵的场所。地方我已选好了,选在太湖北岸、乌角溪旁。"

阖闾高兴地说:"将军费心了,此事就请将军一力操办。"

于是,在今天望亭这个地方,出现了一个长洲苑。孙武在这里,为吴王阖间打造了五万精锐将士。

公元前518年，吴王阖闾命孙武统骁勇甲士三万、伍子胥领水师一万，从水陆两路征伐楚国。楚军以二十万军士应战，楚国令尹（国相）囊瓦亲率三军，渡过汉水，至小别山列成阵势，遣其爱将史皇出兵挑战，孙武使先锋夫概迎之。夫概选勇士三百人，俱用坚木为大棒，一遇楚兵，没头没脑挥棒乱打。楚兵从未见此军形，措手不及，被吴兵乱打一阵，史皇大败而走。初战失利，囊瓦并不在意，对众将说："孙武十有八九会认为我军受挫，不敢轻动，他的营寨扎在大别山之下，不如今夜出其不意，往劫之，以建大功。"囊瓦挑选精兵万人，披挂衔枚，从间道杀往大别山。谁知孙武已料到敌帅心思，吩咐将士道："囊瓦乃斗筲之辈，贪功侥幸。今史皇小挫，楚军未有大亏损，囊瓦将耍小聪明，今夜必来掩袭我营，不可不备。"乃令夫概、专毅各引本部，伏于大别山之左右，但听哨角为号，方许杀出。另外，又安排两路接应兵马。及至三更，囊瓦果引精兵悄悄从山后抄出，扑到吴军大营，见寂然无人，情知不妙，急令撤退，已来不及了，只听得哨角齐鸣，夫概、专毅两军从左右突出夹攻，囊瓦且战且走，兵士折损三分之一，才得走脱。又闻炮声大震，吴军两路接应兵马左右截杀，楚军又失三分之一。囊瓦带着残兵逃回本寨，好在大部兵马尚在，仍有将近十八余万众，这才心安。囊瓦把部将召集到一起，说道："孙武用兵，果有机变！以后不可贸然与战，须寻找有利于我的战机，与之决战。毕竟我军数倍于他，一战而定胜负，对于我军方是上策。"

囊瓦打着这样的如意算盘，等待决战的日子，孰料孙武避开楚军防守正面，沿淮水迂回进军，由楚守备薄弱的东北部直驱楚国心腹的江汉地区，打破囊瓦的战略部署，进而调动楚军脱离有利阵地，逼迫楚军慌乱回防，仓促布阵。楚军尚未开战，已显被动。然而楚军军力毕竟高出吴军三倍之多，进行的又是一场国都保卫战，必定拼死抵御，全力反扑，吴军若要以少赢多，一举荡平楚营，又有什么克敌制胜之术？

孙武打算请出老天爷帮忙。气候对于战场形势的变化有时也会起到关键

作用,这一点孙武极其重视,他写的兵法十三篇,第一篇"计篇"开头就说:"兵者,国之大事,死生之地,存亡之道,不可不察也。故经之以五事,校之以计而索其情:一曰道,二曰天,三曰地,四曰将,五曰法。"他对"天"的解释是:"天者,阴阳、寒暑、时制也。"孙武这段话的意思是,战争是国家的头等大事,是关系民众生死的所在,是决定国家存亡的途径,不能不认真加以考察、研究。应该以五个方面的情实为纲,通过具体比较双方的基本条件来探讨战争胜负的情形:一是道,二是天,三是地,四是将,五是法。所谓天,就是气候的阴晴、寒暑,四季节令的更替规律等。孙武既然深谙气候的重要性,关于如何让老天爷介入这场决战,他早已成竹在胸了。

孙武军中特设"风角"一职,相当于现代军队的气象处长,专司天气预报工作。孙武聘请的几位"风角",都是上知天文、下知地理的饱学之士,他们预报天气,十拿九稳。吴军在郢郊扎下营帐之后,"风角"们夜观天象,夜夜不辍,到第五天,非常肯定地告诉孙武,后天申时,必有大风。孙武于是严令全军坚守不出,楚军来攻,以硬弩利矢射退,不可出营追击,如擅出一卒,斩!除了击退敌军的进攻,其余时间吴军上下均在赶制眼罩。

到了第三天傍晚时分,好端端的天气突然狂风大作,尘土铺天盖地,正在轮番冲锋的楚军眼都睁不开,全成了无头苍蝇,在吴军营栅前乱奔瞎撞。孙武抓住时机,亲自擂鼓,顿时营门大开,战车成队驰出,戴着眼罩的吴军将士毫不受风沙影响,一路砍杀敌军,楚军大溃,相互践踏。不到一个时辰,楚军已全军覆没。楚昭王见大势已去,弃城而遁。吴军一鼓作气,乘势攻陷了郢城。

破楚之役,是孙武创造的春秋史上著名的以少胜多的经典战例。而攻下郢城的五万吴军,正是他在望亭长洲苑训练出来的精锐将士。

牡丹村的来历

王水根

　　故事大约发生在元朝。有一年，赤日炎炎，路人寥寥，商家大多闭门歇业，以避暑热。就在傍晚，望亭镇的大路上走来了两个客人。一个像商人；一个是挑夫，扛了一只箱子。那个商人就是大名鼎鼎的已经发迹的沈万三。沈万三与众不同，虽已致富，依然勤恳劳作，四处奔波做生意。他听说望亭盛产席草，又织得好凉席，所以带了金银钱财不顾炎热来到望亭，准备大量采购。

　　这时，沈万三猛然看见路边一男子在跪地乞讨，他心一动，心想此人年纪轻轻，何以沦为乞丐？一定有其难处，何不帮他一帮。再一想这男子要是好吃懒做呢？沈万三决定试他一试。

　　沈万三对乞丐说："年轻人，你好手好脚，何不自食其力？你哪里人氏？可有大号？"乞丐连忙磕头，哭着说："老爷，我等小人哪来大号，只因从小出天花，脸上留下疤痕，乡邻们都叫我'朱麻子'。我老家在安徽凤阳乡下，家里穷得叮当响，只因我面相丑陋，连给人家帮工都不要。唉！我想知道何时有出头日，就算了一卦。算命的说了八个字：'居家是虫，出门为龙。'于是我就到外面闯荡。如今在望亭有好几年……"

　　沈万三听毕，微微点头。他抬头看到不远处一个白发老头正在挑肥浇花（其实是一种名贵的牡丹花），便对乞丐说："你去帮老伯伯挑三担粪水，我定帮助你。"乞丐喜出望外，使出吃奶的力气，帮老头挑了三担肥料。沈万三暗暗称赞：孺子可教也！于是沈万三兑现承诺，带朱麻子住客栈、吃饱饭。

沈万三住的客栈名叫"兴隆客栈"。

是夜，店主进得沈万三房间，并端来好酒好菜，说是为贵客洗尘接风。沈万三喜上眉梢，连声道谢，两人坐定，细饮慢酌。对饮一杯之后，店主开口："请教贵客尊姓大名，做何生意？"沈万三"呵呵"一笑，答："家居昆山，都叫我沈万三，至于生意嘛，能赚钱的都做。"店主一听到"沈万三"三个字，顿时脸上露出惊喜神色，因为其时沈万三的名气早已响得"刮辣辣"。当即，店主又敬上一杯酒，极尽巴结讨好之能事，连说："今日碰到财神爷，也是我的运气，来，为有缘结识干杯！"沈万三听得心里舒服，将酒一饮而尽，接着便问："店家，敢问大号？如此好客，一定生意兴隆！"店主听问，却叹口气说："唉，我叫进财。一爿小小客栈，何以维生，所以只得另谋生计，也是什么都做，哪怕……"进财说到这里，刹住话头，两只"眼乌珠"滴溜溜转。

沈万三喝得兴趣正浓，也不在意店主的神情变化，只管闲聊询问："店家，来，再干一杯。"进财受宠若惊，立起身来谢过一口饮尽。

沈万三并不知道，这进财是出了名的"坏坯子"，他极不安分，整天想的是歪门邪道，想的是投机取巧。今天，进财碰到"财神爷"，又见他随身带来一只大箱子，早就动起了歪脑筋。他想，那箱子里肯定是可观钱财，若是设法将其骗来，岂不是能发一笔横财！因而他破例好酒好菜相待，想来个餐鲦钓白鱼。

进财一边甜言蜜语、拍马奉承，一边举杯推盏、极力劝酒。沈万三呢，也是昏了头，竟然以为遇到了知己，毫无防备，将那烈酒左一杯右一杯往肚子里灌。未多片刻，沈万三已是七八分醉意，他结巴着嘟哝："好，好酒，来，再干……"此时，进财忽然用手一按酒杯，嬉皮笑脸说："财神爷，光喝酒没意思，我们来赌一把寻寻开心，怎么样？"沈万三毫不犹豫，一口答应："好，好，怎样赌？你说，你说……"进财"嘿嘿"笑着，说出一番意思：以掷骰子为赌，点数大者为赢，小者为输。如沈万三输，那一箱钱财就归进财；而进财输，就将客栈奉送给沈万三。听毕，沈万三哈哈一笑，嘴里喃喃："好好，我财神爷福星高照，哪能输给你？到时你可别后悔。一言为定！"进财马上接口："驷马难追！"

进财拿来早就准备好的赌具：一只碗、两粒骰子。进财要沈万三先掷，沈万三也不客气，抓起骰子就掷。真是福人有福运，当骰子转停，竟然两粒骰子全部是六点。沈万三大笑："哈哈，十二点，没有比这再大的点数了。好，有言在先，这客栈就改姓沈了！"哪知，进财嘴角一牵，阴阴一笑，说："我还没有掷呢，哪能决定输赢？"

进财抓起两粒骰子，用嘴吹了口气，捏紧拳头晃了几晃，然后用力一掷。骰子在碗里打旋，待其中一粒转停，居然也是六点，只有第二粒骰子还在滴溜溜转。此时，进财忽然一拍桌子大叫一声："停！"真是奇了，这第二粒骰子不知怎么碎成两爿，成了七点。沈万三惊得目瞪口呆，只得信守诺言，将一箱钱财双手送给了店主。

其实，在旁边观赌的朱麻子早就看出破绽，就悄悄告诉沈万三，说其中有诈。沈万三淡然一笑，说了句："善有善报，恶有恶报！"

沈万三并不为此而懊恼，反正对于他来说，失去一箱钱财犹如牯牛身上拔掉一根毛。第二天，沈万三好像忘却了昨晚的失财之事，一大早就出门做生意去了。

正所谓"天有不测风云，人有旦夕祸福"。沈万三奔波一天，回来时天已微黑，当他踏进巷口，老远就看见兴隆客栈火光照亮半爿天。沈万三快步冲到店门前，只见熊熊烈火已吞没客栈所有房屋，而店主进财瘫坐在地上，哭天抢地，大声嚎叫："是哪个杀千刀的害我啊，哪会莫名其妙起大火啊！"

沈万三走上前，正想劝慰，不料店主却一把揪住沈万三胸襟，语无伦次大叫："是你，是你雇人放火，害我家破人亡，你是心有不甘，想报复……"沈万三大度，淡淡一笑，只说了一句话："这叫天火烧！"说毕转身就走。

朱麻子见沈万三如此大度，非常钦佩，心想：此人非凡人，将来必定有所作为，我如有发迹，他定是我的对手。我得记住他！

后来，这朱麻子果然发迹，明开国皇帝朱元璋就是他！

由于当年朱元璋曾在望亭担肥浇过牡丹花，后人为纪念这段往事，就将此地此村改名为"牡丹村"。

富仁七桥

娄一民

　　明代嘉靖二年（1523），望亭有个富翁沈凝想为地方上做件善事。什么善事呢？造桥。他为什么会想起要造桥呢？说来话长。

　　沈凝七八岁的时候，祖母种了两棵枣树。祖母先是养了几只母鸡，鸡下了蛋，祖母一个蛋也舍不得吃，攒着，攒了一冬，攒满了两栲栳，春天拿一栲栳去跟人家换了两株枣树苗，另外一栲栳用作请能人。祖母把两株苗嫁接到自家屋前空场地的野生酸枣砧木上。忙完这一切，已是半下午，祖母搬一张长凳，牵着小沈凝的手，双双坐在枣树下，说："桃三杏四梨五年，枣树挂果在当年。我们也不用那么心急，等到明年六七月，你肯定可以吃到自家的大红枣了。"

　　小沈凝仰起脸，望着祖母慈祥的笑容，说："我就不用到人家枣树下拾枣吃了。"祖母点点头。

　　祖母种这两棵枣树，目的就是这个。枣树很容易落果，养分不足、水分不够、授粉不良、阴雨暴风、病虫害，都会造成大量枣掉落，如果管理跟不上，枣树的落果量可达八成。每年夏秋之交，村里小孩子都会跑到有枣树的人家捡落枣吃。有些人家很吝啬，宁肯让枣烂在地上也不许孩子捡，见到孩子捡枣就轰，甚至骂人。祖母正是为了让自己的孙子不受这份委屈，才种枣树的。种枣树一般用枣核，但生长期长，需七年左右方能挂果。也可用枣树根部萌生的树苗，三四年就能挂果。嫁接树苗最快，两三年就会挂果了。第一种方法省力又省钱,第二种方法也便宜得多,最费事费钱的当数树苗嫁接了,祖母采用第三种方法,是为了让心爱的小孙子早些踏踏实实吃自家的甜枣。

祖母育有三男一女,儿女为她添了孙儿孙女。在所有孙儿孙女中,她最喜欢小沈凝。祖母最喜欢小沈凝是有道理的,因为小沈凝在她的第三代小辈里最聪明。小沈凝的聪明不是祖母一个人讲的,村上人都这么说。村上有个驼背也姓沈,别人叫他"沈驼背",小沈凝喊他"驼背叔叔",按辈分算是祖母的侄儿。

有一天,沈驼背碰到祖母,说:"婶婶,你家小沈凝真的聪明,我看全村小囡没有一个及得上他的。"

祖母一听这话,心里像灌了蜜一样甜,嘴上却说:"才桌子高的一个小毛头,能聪明到哪里去?"

沈驼背一脸正经,说:"我不是讲好听的哄你开心,我是考过他的。"

祖母问:"你考他点啥?"

沈驼背说:"我用弹弓打麻雀,他要跟我去,我怕不小心伤到了他,就出个题难难他,说:'你答得让我满意,我就让你当跟屁虫;你答得不对,就赶紧回家。'"

祖母的兴趣被他给引起来了,问:"你出的啥题目?"

沈驼背说:"树上有十只麻雀,弹弓'啪'的一响,打下一只,还有几只?"

祖母笑了,说:"我猜你早就拿定章程,不管他怎么答,横竖是个错。小沈凝被你难倒了吧?"

沈驼背说:"他难倒我了。"

祖母诧异道:"你也算是村上脑子灵活的人了,还搞不过一个小毛头?"

沈驼背说:"他的脑子转得比我还快,我只好闷掉。他回答:'还剩九只。'我说:'不对,一只打下来了,其他麻雀都被吓飞了,树上一只不剩了。'他说:树上仍旧是九只,因为它们都是聋子。'"

祖母哈哈大笑。

沈驼背也笑了，说："你家小沈凝还甩给我这么一句话：'驼背叔叔，你想让我上当，我偏不上当。'你说气人不气人？"

祖母问："你想让他上个啥当？"

沈驼背说："假如他回答：还剩九只。我就告诉他：错了，树上一只也没有了，都给吓飞了。假如他说：一只也不剩了，都飞走了。我就会说：我又没问你树上有没有，我只问你十只去掉一只还剩多少，你掰指头算算，回答得对不对。"

祖母说："你不曾料到我家小沈凝脑筋会转个弯，避开了你的陷阱。照这么看来，我家这个小毛头还真是个聪明小囡，但愿他长大了，一直聪明下去。"

从这句话可以看出，祖母对沈凝这个孙子是寄予很大希望的。沈凝没有辜负老人家的期望，他长大成人后，脑子确实很灵活，经商发了家，成了望亭数一数二的富翁。每当年终盘账时，看着增加的钱财，他便会怀念起祖母，就会回想起在刚种下的两棵枣树下，祖母抚着他的小脑袋，徐徐吐出的一句话："小囡啊，记住，要让人家到你树下拾枣，你不要去拾人家树下的枣。"

沈凝经商，一直用祖母的这句话告诫自己，能让利给人家尽量让，不要老是想着从人家口袋里多捞钱。沈凝越是这样，愿意和他做生意的人就越多，他的生意越做越大，做到了如今这个场面。

可是嫉妒他的人总是千方百计要说他坏话，甚至编出谣言来中伤他。沈凝开始并不在乎，说："清者自清，浊者自浊。嘴长在他脸上，我又不能把他的嘴缝起来。他爱嚼蛆让他嚼去，又伤不了我一根汗毛。"但时间长了，谣言多了，沈凝也沉不住气了，有道是"三人成虎"，"众口铄金"！

沈凝想来想去，只有用最容易让人看见、天天摆在人们眼前的东西才能证明自己不是"为富不仁"之辈，是个仁义之人。于是，他准备替家乡父老造桥。造桥铺路，历来被认为是善举，他这么做了，总可以堵住那些闲言碎语了吧？

沈凝一口气造了七座石桥，分别是项路桥、马路桥、伍象桥、四通桥、大通桥、塔平桥和石下桥。

因为沈凝是抱着"富了要重仁义"的宗旨造的桥，所以望亭有个秀才把他出全资造的桥统称为"富仁七桥"。

九思街和狗屎街

沈惠勤

　　元末明初的历史舞台上，自封为王的张士诚虽然被朱元璋打败，可是苏州百姓私底下感念他的好，为他留下了特殊的纪念。张士诚原名"九四"，民间将相城太平街道老街区中一条东西走向的街命名为九思街，取意于"长久思念"。由于人们不能指名道姓纪念，"九思（四）"又谐音"狗屎"，就出现了"狗屎街"的怪名和为他烧"狗屎香"的怪俗。这是苏州人要想着法儿地认他的好，用一种乡间俚语一般的趣味套了近乎。

　　在历史的光阴里，九思街之名实际就是苏州人为张士诚留下的一个深深的印，他为何如此得人推崇呢？

　　元朝末年，统治者横征暴敛，税收繁重，加上洪旱饥荒，民不聊生，百姓纷纷揭竿起义，抗击元朝暴政，持续16年。其间，张士诚就是起义军首领之一。

　　至正八年（1348）、至正十一年（1351），方国珍在台州、刘福通在颍州先后起义，到至正十三年（1353）正月间，红巾军起义已经风起云涌，元朝统治岌岌可危。此时，张士诚也在泰州与贫穷盐民等一起清富豪，焚官舍，聚众数万，起兵反元。至正十四年（1354），张士诚建立大周政权。为建立根据地，他率领起义军反复与元军征战，势如破竹，击败了元朝丞相脱脱统率的10万元军。至正十六年，他率军由南通渡江，占领常熟及太湖、阳澄湖地区，接着攻陷并迁都平江（今苏州）。

　　张士诚于苏州称王12年，深得民心。一方面，他爱憎分明，坚决惩治恶霸，对民众富有同情心。他率军初进苏州城时，见百姓遭受涝灾，忍饥挨饿，顿生怜悯，开库赈济百姓，又捣毁恶霸家园，分发财物于穷黎。另一方面，他坐镇苏州后，致力于打造一个让民众安居乐业的小王国，展现了卓越的治理才能。他任用贤才，兴修水利，治理湖危，疏通阳澄湖进出水港；他发展农桑，鼓励百姓兴垦荒地，种植作物，养蚕煮茧，并免赋一年，使阳澄湖地区成为富裕的江南粮仓之一；他还注重发展工商业，鼓励民间兴办手工业及纺纱织布业等。在一系列的措施下，太平桥等地逐渐发展成为商业繁荣的街市集镇。

　　张士诚为民办实事，取得了显著成效，深得百姓认可，正如当时民谣所歌："死不怨泰州张（士诚），生不谢宝庆杨（元朝元帅杨完者）"。张士诚改变了原来元朝统治期间民生困苦的局面，为民所称道。

　　然而，在至正二十七年（1367），张士诚为朱元璋所败，自缢身亡，葬于斜塘乡盛墩村。太平地区百姓感恩其惠，把他曾经治理过的一条阳澄湖进水港称为张泾港，把太平桥镇上发展起来的一条商业街命名为九思街。九思街东起东牛场弄，西至济民塘，长132米，宽1.8米。新中国成立前夕，太平街（现名太平老街）与九思街西段相交为"三角场"，街道两侧店肆林立，买者云集，商市繁荣。至今街上17号华家门店和王家宅第的临街店堂等，仍留存着清末民国时期前店后宅、排板门面的古朴样式。

　　九思街承载着人们对张士诚的纪念，烧"狗屎香"的习俗同样也是如此。柴小梵在《梵天庐笔录》中写："苏（州）人于七月三十日烧地藏香，实非祀地藏，而祀张士诚。盖士诚字九思，（自）尽于七月三十日，苏人哀之，每届是日，焚香膜拜，谓为烧九思香。"

　　张士诚能为苏州造福，所以民间思之念之，街道生生不息，习俗代代相传。

望亭保苏州

卢群

唐朝末期，皇帝昏庸无能，沉迷酒色娱乐，不理朝政，苛捐杂税严重，致使政治腐败，宦官专权，藩镇兴起，与朝廷长期争权斗争，整个社会千疮百孔，民不聊生，终于酿成了农民起义，天下大乱。其中最大的一支起义军以黄巢为首，历时十年，攻破长安建立"大齐"政权，最后虽被镇压下去，黄巢兵败自刭，但唐王朝的灭亡也进入了倒计时。

公元907年，军阀朱温逼迫唐哀帝禅位，不久又杀之，唐朝亡。朱温建国，国号梁，史称后梁，"五代十国"揭开了序幕。五代十国时期，军阀大多出身盗魁，杀来杀去，唯一目的就是抢地盘。社会遭到毁灭性破坏，偌大神州安不下一张犁。

苏州、无锡、常州，太湖畔三颗明珠，是江南各种割据势力争夺的重点对象。位于苏锡常交界处、据太湖口的望亭，成为必争之地。凡是攻打这三座富庶城市的，都要在望亭厮杀。争夺苏锡常，尤其是苏州的战争，早在五代十国前就已异常激烈了。唐僖宗光启二年（886），武宁军偏将张雄、冯弘铎率兵先夺望亭，继陷苏州，自封刺史、知县等各级官吏，强征税赋，搜刮民财。未及数月，天合镇将徐约攻陷苏州，驱走张、冯，尽吞他俩财货，又劫吴越贡赋。唐昭宗龙纪元年（889），镇东军节度使钱镠遣其弟钱铼率兵攻打徐约，徐约不敌，往东逃跑。钱铼穷追不舍，徐约带着残兵窜入海岛，靠抢劫渔民商船为生。钱铄应渔民要求，入海搜剿，徐约被钱铄一箭射中，一命呜呼，江南一大祸害被剪除。

钱镠破了徐约，取得苏州，以海昌都将沈粲代理知府，随后又致书给事中杜孺休，请他来担任吴郡刺史。唐大顺元年（890），苏州落到常州李友手中，沈粲趁乱杀害了杜孺休及其兄杜延休，投靠了淮南节度使孙儒，引淮南兵来夺苏州。苏州被孙儒收入囊中，后沈粲被孙儒任为苏州制置使。唐景福元年（892），钱镠从杭州发兵征讨孙儒，淮南兵溃逃，钱镠命钱铄为苏州招缉使。唐乾宁元年（894）之后，军阀台濛、李宥、董昌均觊觎苏州，都来攻打过，皆被击退。最后，杨行密出场了，钱镠能否保住苏州，就看苏州守军能不能抵挡得住杨行密的攻势了。

杨行密，庐州合肥（今安徽长丰）人，趁唐末乱局，纠众占据庐州，成为一方草头王。唐中和三年（883），朝廷承认他为庐州刺史。杨行密向东扩充地盘，进入扬州。孙儒败退时，杨行密乘机擒杀了孙儒，吞并了孙儒的人马。杨行密的势力越来越大，朝廷封他为淮南节度使。唐天复二年（902）三月，唐昭宗封杨行密为吴王。这时，常州、无锡已被杨行密占据，自然想进一步吞下苏州，钱镠岂肯将苏州拱手相让，一场恶战势不可免，就看这场仗怎么打了。

其时，苏州守将是顾全武。钱镠向顾全武面授机宜，要他把战场往前推，别在苏州城下与杨行密军对阵，这样，可增加战略纵深，回旋余地大。顾全武依计把前沿阵地设在了望亭，利用东晋留下的月城，予以加固，添置兵械，筑起坚固的防御工事，以逸待劳，只等杨行密军前来自投罗网。

杨行密派出大将何朗、间丘真，分率水、陆两军自西而来。步、车兵走官道，水师走太湖，阵容庞大，气势汹汹。钱镠早已安排江海游弈都虞侯何逢在望亭湖口布下舰队，杨军水师黑压压的舟船驶至湖心，忽听得梆声阵阵，钱军战舰从四面合围过来，万道强弩，一齐射来，又有轰天大炮，接连发声，数百十斤的巨石，似飞而至，落处不是毙人，就是碎船。杨军水师忙掉转船头，从斜刺里突围，又听得鼓声大震，何逢在指挥舰上奋力擂鼓，钱军舰队随鼓点进退，队形严密，相互掩护，迂回包抄，中间突破。杨军水师经一轮轮猛攻，兵将非死即俘，损失过半，终至大败，慌忙撤退。这场水战，钱军大胜，俘获敌方战船二百余艘。

再说陆战。陆上之战，杨军是进攻方，钱军是守御方。杨军用"洞屋"冲击月城。所谓"洞屋"，三面蒙铁皮，上覆铁瓦，高及城沿，中空藏兵，城上射下箭矢伤不了人。这种攻城器械十分有效，杨军靠它攻破了许多城池，但望亭月城守军并不害怕，他们在战前制作了专门用来对付"洞屋"的武器，现在可以大显身手了。守军事先在城上设高竿，竿上置大轮盘，轮盘上载铁铸大鸟，转动轮盘，绳索把铁鸟送出城外，铁鸟在半空撞击"洞屋"顶，屋顶铁瓦被撞碎坠落，洞内兵就暴露了出来，城上箭雨滚石一齐落下，洞内兵被铁皮所困，逃也逃不脱，死伤愈甚。

杨军吃了一个大亏，就要报复。他们架起抛石机，抛巨石击月城，声如雷鸣，闻之胆寒。顾全武早就有所准备，月城内遍结网，用巨木撑开，蔽于城屋。石之坠者，悉着网中，守城士卒毫发无损。杨军终难得手，不免沮丧，士气低落。顾全武抓住时机，一声令下，城门打开，守军呐喊涌出，挥刀砍杀，杨军全线溃散。钱军生擒敌俘等三千余人，缴获兵甲车马三十万。

经此一役，杨行密再不敢犯苏州，苏州稳稳地归属了钱镠所建吴越国版图。吴越国的版图北至苏州，南抵福州，囊括两浙。据有这个膏腴之邦，换了五代十国期间的其他任何一个君主，都会凭仗这里丰富的出产、雄厚的财力，更加穷兵黩武、攻城略地、扩大势力范围，钱镠却不那么贪得无厌。他制定了一条基本国策，四个字：保境安民。因为有这四个字，苏州在恐怖的五代十国历史阶段，还是比较太平的，这不能不说是托了吴越王钱镠的福。

而望亭一役，确保了苏州由钱镠掌控的形势。从这个角度上来说，望亭保全了苏州。

风物故事

"轧立夏"习俗

张瑞照

望亭下塘的"轧立夏"习俗由来已久,这与越国大夫范蠡有关。

春秋时期,越国灭亡吴国后,范蠡看出越王勾践心胸狭窄,只能同患难,不能共富贵,就和西施化装成渔家夫妇,躲过戒备森严的一个个岗哨,重金雇了一条渔船,出齐门经陆慕,过蠡口,沿黄埭,在漕湖畔定居,后来经起商来。

范蠡经商,与众不同。

夏天,漕湖一带竹子上市,农民要把竹子扎成排,撑到无锡后宅、硕放竹行推销。范蠡买竹子,长长短短、粗粗细细的都要。

卖竹子的人说:"你这个乡下佬,竹子买了这么多,当饭吃?"

范蠡说:"不亚于饭。"

买了竹子后,他把粗的做成铁搭柄,细的削薄做扫帚。

秋天,漕湖一带芦苇上市,农民把芦苇扎成捆,装船摇到无锡荡口、甘露推销。范蠡买芦苇,长长短短、粗粗细细的都要。

卖芦苇的人说:"你这乡下佬,芦苇买了这么多,当衣穿?"

范蠡说:"不亚于衣。"

买了芦苇后,他把芦花扎成既漂亮又柔软的扫帚,芦秆编成芦帘,拣粗的压扁织成芦席。

冬天,漕湖一带的农民又砍树又整株,留足烧年货的柴火后,多余的装船摇到望亭、浒墅关出售。范蠡买劣价的树桩,大大小小、奇形怪状的都要。

卖树桩的人说:"你这乡下佬,树桩买了这么多,当凳坐?"

范蠡说:"不亚于凳。"

买了树桩后,他把小的树桩做成木桩,大的做成砧板,长的做成棒槌。

那一年,农历四月十三立夏日,范蠡和西施摇了一船商品来到望亭与东桥相交的西桥做买卖。

那里有个泼辣尖酸的妇女,三十上下年纪,说话喜占上风,买货总爱挑剔,大家叫她快嘴婶婶。这天因为丈夫弄坏了一把扫帚,夫妇争吵了一早晨,丈夫认了输,拿了铁搭上工了,她还在背后"败家精、败家精"骂个没完。不一会儿,她端了一脚盆脏衣裳上河滩,看到范蠡的芦花扫帚像把鹅毛大扇,被迷了眼,于是放下脚盆挑拣起来:"扫帚卖不卖?"

范蠡和气地说:"您要不要?"

"你这老头儿有眼没有眼?"

"您这妇人讲理不讲理?"

这下,快嘴婶婶动了肝火,将衣袖一捋,双手一叉腰,面孔一板,眼珠一弹:"买不买由我!"

范蠡和颜悦色:"卖不卖由我!"

听见吵闹声,西桥附近不少百姓都涌来围观。有个白发老翁上前相劝:"别与那妇人一般见识,你卖给她就是了。"

范蠡对大家拱拱手说:"诸位乡亲,这位婶婶家境清寒,屋内又是泥地,买这华而不实的芦花扫帚不适用。"这番话说得大家点头称是。

快嘴婶婶刚要转身去洗衣,范蠡却又唤住她不让走。

"什么事?"

"你还没有买东西。"

"不买。"

"你现在不买,等会儿也要来买。"

"等会儿也不来买。"

"等会儿一定会来买。"

快嘴婶婶又动了肝火,将衣袖一捋,双手一叉腰,面孔一板,眼睛一瞪:"买不买由我。"

范蠡又和颜悦色相告:"卖不卖由我。"

众人纷纷说范蠡的不是,白发老翁上前婉言相劝范蠡:"强扭的瓜不甜,她不买也就算了。"

范蠡面对大家拱拱手说:"这位婶婶在家料理家务,照看孩子,丈夫在外耕作,时值农忙,惜时如金。适时我见她丈夫上工匆忙,手拿的铁搭柄已老,木桢已碎,我这里有货,何乐而不为?"

众人点头称是。白发老翁对快嘴婶婶说:"这位先生言之有理。"

范蠡对快嘴婶婶说:"刚才我没有向您讲明,当然是我的不是,望婶婶万勿见怪。"

快嘴婶婶的火气顿时烟消云散。

快嘴婶婶买了竹柄和木桢刚踏进家门,果然见丈夫一手拿着碎木桢,一手拎着铁搭没精打采地回来了。丈夫见到妻子已经买了竹柄、木桢,乐得咧开了嘴说:"这回你想到了家。"快嘴婶婶说:"要不是西桥堍的那个商人催我买,怎么会想得到。"于是这么长那么短地将刚才发生的事讲给了丈夫听。丈夫听了妻子连珠炮似的叙说,说:"难道这个老头是未卜先知的神仙?"快嘴婶婶越说越玄:"我看跟神仙差不多。"

快嘴婶婶等丈夫去上工,抱着孩子闯村头,逢人便说:"西桥堍做生意的老头真是个活神仙,你要买的东西,他肚里全有谱。"经她这么一说,西桥的百姓纷纷赶来看范蠡卖东西。有个扎着两条羊角辫的小孩听父亲的吩咐,买了木砧板,欲回家时,范蠡却拉住他不让走。众人议论纷纷,快嘴婶婶出面干涉了:"孩子没付钱?"

"付了。"

"为啥拖住不让走？"

"小孩兔子腿，脚下快。"

"兔子腿、脚下快又怎样？"

"现在人多怕走失。"

"走失与你有何相干？"

白发老翁上前劝说："付钱取货，天经地义。"

范蠡取出铜板解释："我的砧板是就地取材，成本低，多收小孩的铜板不应该。"

众人听了点头称赞。

白发老翁付了钱要买芦花扫帚，范蠡收了钱却不给货。白发老翁不明白范蠡肚子里打的什么鼓，在一旁呆看。他见范蠡摊位上只剩一把扫帚外，其余的货都销售一空，忍不住问："是我短少你的钱？"

"分文不少。"

"是我得罪了你？"

"长老态度和气，待人厚道。"

"是我不该买你的东西？"

"长老的住寓是地板房，用这芦花帚最合适。"

"那你为啥不给货？"

范蠡上前扶着老翁，亲和地说："我见你鹤发童颜，精神焕发，可是毕竟高龄年迈，步履艰难，刚才人多手杂，是我生怕你被人挤倒，于心不忍。"

白发老翁恍然大悟，感动得连声说："没见过你这样的商人，没见过你这样的为人。"

范蠡把白发老翁送到村东参天香樟树下的家门口，那老翁上上下下、左左右右地打量着范蠡，只见那商人双目炯炯，气宇轩昂，风度翩翩。老翁忽然高兴得眉飞色舞，猜测道："你莫不是赫赫有名的范蠡大人？"说完欲跪下叩头。范蠡连声说："不敢当。"拔脚便往漕湖方向走去。

没多久,范蠡行商的消息像长了翅膀,传遍了西桥附近的大街小巷。人们争先恐后地去漕湖拜访他,可是偌大的漕湖,到哪里去找他呢?

次日,快嘴婶婶开门时,一把合适的竹扫帚倒进了门,可是无论如何也找不到范蠡的人影。后来传说范蠡和西施摇着小船,沿着望虞河出望亭,往无锡南泉、大浮一带营生去了。从此以后,人们学着范蠡的样子在西桥行商。每到立夏日,四面八方的人都来到西桥做买卖,吃的、用的、要杂的应有尽有,方圆几十里的老百姓,无论是男的、女的、老的、少的,都要来这里赶集,西桥两旁人山人海。

范蠡经商,客户至上,受到大家交口称赞。他生意越做越大,成为百万富翁,人称陶朱公。后来,人们效仿他每年在立夏这一天去西桥赶集,故称"轧西桥",又称"轧立夏"。不久,"轧立夏"传至距西桥四五里的望亭,成了当地习俗。

端午节包粽子的来历

张瑞照

端午节吃粽子的习俗，与春秋时期的伍子胥有关。

伍子胥的父亲伍奢、胞兄伍尚被楚平王无辜杀害，他从楚国逃生。楚平王派三千铁骑穷追不舍，他在众人帮助下幸运脱险。逃至吴国，他遇上了公子光。

不久，公子光在他的相助下，登上大位，成为吴国君主，史称吴王阖闾。

阖闾封伍子胥为行人，管理吴国朝政大事。

一天，伍子胥在北太湖望湖湾，见到一个衣衫褴褛的女子跪地行乞，不时遭到孩童戏弄，不由得想起自己刚来吴时卖艺行乞的一段往事，顿生恻隐之心，给了那女子三枚钱币。不想那女子见了他之后，咿咿哇哇不休。伍子胥仔细一看，此女嘴角有颗米大黑痣，顿时想起当年自己被楚平王手下乱箭射中血流如注时，是她出手给自己洗净伤口，敷药包扎。伍子胥立马上前向她询问姓名，那女子便道："小女子便是昭关郑姣娘之妹郑姣妹。"

一说起郑姣娘，伍子胥就想起当年遭到楚平王手下一路追杀，郑姣娘出手相救的往事。

……

为了躲避盘查，伍子胥乔装打扮，一会儿扮作白发苍苍的老头，一会儿扮作疯疯癫癫的老妇。一日，他来到汉江岸边，又饥又渴，忽见江畔有家小店，跨步进去唤来饭菜。他正在狼吞虎咽之时，一伍官兵奔此，穷凶极恶地向店主敲诈勒索。伍子胥疾恶如仇，仗义训斥，遭到官兵围攻。伍子胥尽管赤手空拳，但使出拳脚忽左忽右，忽高忽低，三下五除二，把官兵打得满地找牙。此时兵首大呼："其人就是逃犯伍员！"四下官兵闻声纷纷赶至，越来越多。伍子胥寡不敌众，抽身而逃。官兵未抓到伍子胥，诬蔑店主包庇朝廷要犯，不但抢了店铺之银，还将他残忍杀害。

几日后，伍子胥欲过江去吴，四下寻找船只无着，焦虑不安。此时，一个名叫郑姣娘的女子认出他就是朝廷追杀的"罪犯"，把他唤至家中，端来米饭充饥。伍子胥无意中得知，女子的新婚丈夫——江边小店店主三男因为自己无辜被杀，伤心之泪夺眶而出，而后问女子为何冒死相救。郑姣娘道："小女子仰慕英雄，知道英雄是被奸贼陷害。我从官兵口中得知你在被追杀，为此四下寻找，欲助你一臂之力。"夜深人静，她把伍子胥唤醒，领至江边。此时从芦苇丛中钻出一白发老翁。姣娘介绍道："此人乃小女伯父。"渔翁上前向伍子胥行了个礼，自称"芦中人"，言罢转身从芦苇深处撑出一叶小舟。当伍子胥上了船，芦中人操桨把他摇至江中。此时，岸上传来一阵嘈杂之声。伍子胥转身一看，一队楚军赶至。随着领头的一声呼叫，无数箭矢向他飞来。他拔出肋下宝剑，一一把箭打落水。楚军见难把伍子胥射死，返身把剑刺向手无寸铁的郑姣娘……

伍子胥心如刀绞，咬牙切齿：不杀奸贼，誓不为人。

伍子胥过了汉江，走了四五十里便是昭关。昭关兵将如林，中午路人稀少，伍子胥见守军正在轮番进餐，大步流星到了城门口。几个官兵一见是个大个子男子，放下饭碗，持枪执刀奔了过去。伍子胥夺过一匹战马，跃身登鞍，策马便逃。官兵大声嚷嚷，张弓拉弦射出利箭。伍子胥腿上中箭，血流如注。

伍子胥逃了三四十里，见后面无有追兵，翻身下马，躲入一旁竹林。

不久，一个年轻姑娘从竹林深处走来，一见伍子胥腿上受伤，遂从家中取了草药，给他伤口洗净敷上，尔后又取出几个苇叶包裹的饭团给伍子胥路上充饥。末了，姑娘再三叮嘱："此乃毒箭所伤，速去治疗，否则，轻则残，重则亡。

欲问何处有治伤良医，前面东村有个东皋公，他乃名医之徒，你去找他，定能药到毒除。"伍子胥感激不尽，遂问："我与你素不相识，你又为何冒死相救？"那姑娘道："我知道你是正义之士，我姐和姐夫为你而死，死而无憾，我为何不行？"伍子胥欲问姑娘姐姐和姐夫尊姓大名，那姑娘闭口不说。他举目端详，见那姑娘嘴角有颗米大黑痣，连声道谢。姑娘走后，他正饿得慌，取出苇叶裹着的饭团吃了个精光，而后步出竹林，前去东村寻医。

伍子胥步行了三里，便到了东村，村中果真有那个名字叫东皋公的老头。

伍子胥据实相告："长者，你可知晚辈乃楚国逃犯，四下张贴的告示中言明，窝藏在下者有杀头之祸……"东皋公仰天一笑："老夫知道你是无辜之人，现在是我这个无辜之人救你这个无辜之人。"随即帮他治疗腿上之伤，嘱咐他在自己家中小住几天，到时见机行事，伺机助他过关。

一连几天，东皋公的家不时有人前去搜查盘问，伍子胥东躲西藏，长吁短叹。第七天，伍子胥一夜急白了头。东皋公认为时机成熟，唤来好友皇甫讷，两人携手，带伍子胥混过昭关，送他到了吴国。

……

想到这里，伍子胥便问那女子怎会在此沦落为乞丐。那女子便道，因郑家救了朝廷案犯，楚平王知道后，派了官兵前来灭她一家，她与父母闻讯离家潜逃。潜逃途中，父母先后撒手离世，而她只身至吴国避难，已有数载。

伍子胥为了报恩，遂与家丁伍保带了郑姣妹回府。

郑姣妹到了伍府之后，为伍家料理家事。伍子胥和妻儿与姣妹相处，倒也十分和谐。伍子胥得知此女尚未婚配，几次欲开口为她介绍郎君，但到了嘴边的话，又咽了下去。

吴越相争，吴王阖闾在一次与越国的激战中中箭身亡，其子夫差当政。夫差刚登大位之时，尚能听取忠臣良言，后来打了几次胜仗，在奸臣伯嚭的唆使之下，贪图享乐，纸醉金迷，不理朝政。伍子胥几次上谏，吴王夫差当作耳边之风。敌国国君勾践卧薪尝胆，意图东山再起，以雪当年兵败国衰、被吴国所辱之耻。伍子胥再次向夫差上谏，忠言逆耳，吴王充耳不闻，还以为伍子胥居功自傲，目无王上。伍子胥觉得吴国长此下去，难避厄运，返回家中，动员儿子怀奢奔齐。怀奢不解，伍子胥晓之以理："你如果在这里，难免有一天大难降临。"怀奢要父亲与自己一起离开这块是非之地。伍子胥涕泪俱下，说自己是受先王阖闾托孤之人，岂可擅自离开吴国半步。伍子胥唤来郑姣妹，要她与怀奢一起离吴奔齐。郑姣妹表示要留下照顾伍子胥。家丁伍保道："伍大人的生活起居由在下照料。"郑姣妹还是执意不走。

伍子胥看出郑姣妹、伍保一个有情，一个有意，当场做媒，成全了两人姻缘。

伍保与郑姣妹见伍子胥如此关爱下人，感激涕零，忍不住流下热泪。

转眼来年，一天，伍保无意中发现越国勾践派人给吴国奸臣伯嚭送去财物，伯嚭答应来者，届时里应外合，灭亡吴国。伍保便将以上情报密告伍子胥。不想此事被西施得知，告诉了伯嚭。伯嚭大惊失色，疾步前去夫差那里表忠心："微臣与伍相政见不同，可他扬言要与在下为敌到底，意欲诬陷微臣受贿，出卖吴国。如若大王轻信谗言，微臣性命难保。"西施在一旁列数伍子胥排斥异己、目无君主的"劣迹"。

伍子胥晋见吴王，上谏伯嚭是越国奸细，为勾践效力，此事家丁伍保可以站出作证。伯嚭此时道："伍相，你既然忠于吴国，可为何唆使家眷离吴奔齐？"伍子胥正欲据理力争，夫差即令卫士把伍保唤来对证。不想伍保已在伍府被人杀害，一旁家人身中数剑，血流如注，奄奄一息。家人告知伍子胥，杀害自己和伍保的是伯嚭手下，言罢撒手西去。伍子胥无有证人证词，有口难辩。夫差一怒之下，赐伍子胥属镂剑，让他自刎谢罪。

伍子胥仰天长叹："真正作乱的是伯嚭，而大王反诛我，听谀臣之言而杀长者。"返身对怀抱儿子的郑姣妹道："我死后你把我双眼挖出，悬在胥门之上，我要亲眼看越人灭亡吴国。"言罢举剑自刎。

伍子胥宛若一棵耸天大树，轰然倒地。郑姣妹回到伍府，用苇叶把糯米包着,扎成三角锥体形状(后人称它为粽子),煮熟后祭祀伍子胥。当郑姣妹赶回宫殿寻找伍相时,却发现吴王夫差已经把他装入鸱夷革中,抛入江河。此时江水汹涌,伍子胥的身体直往太湖冲去。郑姣妹驾了小舟追赶。附近村民得知之后,纷纷效法,勠力同心,操舟追赶"伍相"。这一举止,后来成了苏州端午百舸争流的风俗。

不出伍子胥所料,公元前482年,越王乘夫差北上争霸之机,攻破吴国,夫差回救不及,只得以厚礼向越求和。公元前473年,越王勾践趁吴国水灾,率大军从越来溪攻入吴郡。夫差率臣狼狈出逃,伯嚭开城门向越王邀功。勾践对伯嚭道:"乱臣贼子,留有何用?"挥剑斩了伯嚭,率军对外逃的吴王夫差穷追不舍。夫差至馀杭山(苏州城西阳山)被越军团团围住。穷途末路,夫差苟且偷生,向越王勾践许诺纳贡称臣,遭到拒绝。此时夫差想起当年伍子胥肺腑忠言,忍不住泪如泉涌,仰天悲呼:"伍相举世忠烈,寡人有眼无珠……"然而悔之已晚,只能伏剑自杀身亡。

以后,郑姣妹与儿子伍清至北太湖望湖湾长洲苑安居,每至端午,母子俩便会包粽子祭祀伍子胥。年复一年,代复一代,端午包粽子、吃粽子就成了当地习俗,流传了下来。

情结芦花鸡

马汉民

　　"走遍天下，冯埂上是芦花鸡老家。"冯水根老伯伯夸耀芦花鸡的老家就在冯埂上，生怕我不相信，立马滔滔不绝地讲了个故事，原来芦花鸡还关联着他的老祖宗冯梦龙呢。

　　老人说冯梦龙自幼是个皮大王，本来跟着阿哥、阿嫂在苏州念书，可他每天下半天总要逃学，跑到玄妙观，在露台上听书。玄妙观热闹，耍猴把戏的、卖九连环的、吹糖人的、拨糖画的、剪纸花样的，应有尽有，人山人海，天天比赶集还要闹猛。冯梦龙倒不是贪玩，是说《三国演义》的说书先生，说呀说呀，活像勾掉了他的魂灵头，每天不到露台上听书，就比死还要难过，现在说起来，叫有瘾头哉！

　　有一天到了说书时间，听客等呀等呀等半天，总不见说书人的影子。冯梦龙见大家等得不耐烦，就一屁股坐在说书人的座椅上，将惊堂木一拍，用说书腔说起"火烧赤壁"来了。声音虽然不高，书中的角色倒是起得蛮好的，一个嗝也不打，听得众人鸦雀无声，几个要小溲的老头子，也都熬着不上茅厕了。冯梦龙只顾说得起劲，哪会知道被他阿嫂的心腹丫鬟看见了，回去一禀报，阿嫂和阿哥马上赶到玄妙观，并从说书台上把冯梦龙拎着耳朵拖回家中。这一年冯梦龙才十三岁，正在长头上，阿嫂本来就要赶小叔子出门，这下机会来了，便借口小叔子已混入三教九流，说家中绝不能留下他。阿哥倒是念几分手足之情，求情道："阿弟年纪还小，现出门去，是要做小叫花子的呀。"

冯家有座老祖坟，就在冯埂上，冯家一家人虽然早已搬进城里去做粮食生意，但祖坟边上还留有三间坟堂小瓦屋，有位没儿女的冯姓老人看坟。看坟的老人这天进城送点青蚕豆给东家尝鲜，正好看见大少爷用板打二少爷，打得屁股上滴血，他心疼不已，就求大少爷："不要打，让小少爷跟我到坟堂里住几天再说吧。"冯梦龙的阿嫂开心得不得了，对着看坟老头千谢万谢，当即打发冯梦龙跟着看坟老头去了，不过走的时候，冯梦龙蛮有心机的，带了不少书，背都背不动。

冯家老祖坟是个高高大大的大土墩，西北角上就是坟堂，年久失修，真是风扫地月当灯，吃食只有死饭死米，常年没有荤鲜菜进门。冯梦龙是个读书的好坯子，天黑睡觉，天亮起身，除了读书就是写字。写字没有砚台、黑墨和毛笔，怎么办？冯梦龙拔起一把狗尾巴草，扎一个把子当笔，找来一块两尺见方的大方砖作纸头，拎一桶水作墨，用草把蘸水，在方砖上练字，写了一遍又一遍，先后写了三年，一块厚厚的大青砖写薄了一层。

当时冯埂上的人家倒有三四十户，家家都养芦花鸡。芦花鸡个头大，毛好看，长得快，生蛋也多，看坟的老冯头也喂了四五只。每天四更，坟堂里的一老一少醒得早，就躺在床上听鸡叫，两人将此事当作顶有趣的事，每天哪一家公鸡叫出了第一声，又是哪一家的小公鸡破口啼了第一声，都知道得清清楚楚。坟堂里养着五只芦花鸡，一公四母。那只大公鸡标致得不得了，一身披满黑白相间的花点点，精神抖擞，每当冯梦龙吃饭，公鸡都守候在身边，伸长头颈，睁圆双眼，看着小主人吃饭。只要老人不在场，冯梦龙就会省下饭来喂大公鸡，日子久了，终被老人看出了冯梦龙给鸡喂饭的事情。老人不吱声，趁过中秋节把芦花大公鸡杀了，没想到差点闹出人命。冯梦龙知道后，不光哭得死去活来，还三天茶不喝一口，饭米不吃一粒，口口声声说："杀的不是芦花鸡，杀的是我的朋友。它天天催我起床，天天陪伴着我们，还在青菜地里捉虫子，应该报答才是，怎么能杀它，切成碎块，还要吃下去，良心哪里去了？"伤心得就像死了爹娘,人也一天天消瘦下去。

看坟的冯老头胆子小,看小少爷又气又恨,不知认了多少遍错,冯梦龙还是很难过,冯老头只好进城向大少爷禀报,这年正好乡试,冯大少爷方才准许冯梦龙回家。

冯梦龙回家参加考试,一考便榜上有名,成了贡生,从此冯埂上来得少了。倒是冯埂上的人都知道冯梦龙喜欢芦花鸡,有孩子念书的人家,都学冯梦龙,把芦花鸡当朋友,决不宰杀。一年年相传,冯埂上就成了专门饲养芦花种鸡的场地,这才有了本篇开头"走遍天下,冯埂上是芦花鸡老家"的民间谚语。

《挂枝儿》时调小曲

卢群

　　明代大文豪冯梦龙辑评的《挂枝儿》共10卷，录当时小曲435首，以抒写男女爱情生活与社会状貌为主要内容。其中一曲是冯梦龙在黄埭良塘河上搜集到的，流传民间，脍炙人口。

　　这则故事，还得从冯梦龙小时候说起。冯梦龙小时候经常在良塘河堤上玩耍，有一天，他看到了一个很有趣的小哥哥。这个小哥哥十二三岁，是个赶脚的。当时人出远门，有水路、陆路两种供选择，走水路乘船，走陆路往往雇驴。水上行舟，很是悠闲，江南水道平缓，两岸风景如画，一面赶路一面赏景，确是一种享受，遇上风和日丽，舟头置酒，细斟慢酌，更是怡然自得。相比之下，骑在驴背上走陆路，颠得腰也酸，屁股也疼，有点受罪。但驴行有驴行的乐趣，那些舟船到不了的丘陵，骑着驴子就能前去叩山访翠，拜庙探庵，行程中捎带着赚一份额外的旅游体验。因此，雇驴远行的人也不少。驴要人管，此人叫作"赶脚的"。赶脚的十有八九是少年，少年干不了重活，干这个营生正合适。

　　赶脚的处在这样的年纪，又常在外面跑，性格一般都比较开朗、活泼。倘若碰巧有三五头驴被人租用，雇驴的人又凑巧都在这堤上凉亭休息一会儿，那就热闹了。几个小赶脚的聚成堆，摔跤、扳腕子、舞拳、叠罗汉、瞎子摸象、老鹰抓鸡、翻筋斗、甩虎跳、满地滚、打旋子，玩累了，就地一坐，吹牛。这个说自己赶脚到过扬州府，那个说自己牵驴上过五台山，一个比一个跑得远，一

个比一个走得险。小赶脚的在那儿吹牛，他们的驴儿也不闲着，"哼哼"欢叫，一头比一头叫得嘹亮。即便不是三五扎堆，仅是一个小赶脚的在等雇主，他也不会寂寞，他可以和他的驴儿说话，赶脚的说一句，驴儿"哼"一声，倒也其乐融融。

可是，今天这个赶脚的小哥哥一副愁眉苦脸的样子，噘着嘴坐在一棵柳树下，百无聊赖地用赶驴的鞭子在地上画圈圈，画了用脚抹掉，抹掉了再画。他的那头小毛驴拴在树上，也是垂头丧气的样子，驴脸拉得长长的，嘴噘得比它的小主人还高。这是什么缘故呢？

冯梦龙小小年纪，倒是个热心人，他走上前去，问："小哥哥，看你不高兴，碰到难事了吗？是不是天色将晚，你为无处住宿犯愁？那不要紧，你住到我家去，我家也有草料供你驴儿一饱。"

赶脚的小哥哥摇摇头。

冯梦龙又问："或许是你的钱包掉了，驴儿的租金、赶脚的佣金全没了，怕大人责打？那也不要紧，你随我回家，待我禀明父亲，让父亲接济你一些银钱，你就可以交差了，不必愁成如此模样。"

赶脚的小哥哥还是摇摇头。

冯梦龙着急地追问道："小哥哥，你愁的究竟是何事？你倒是说呀！"

赶脚的朝凉亭那边努了努嘴。

冯梦龙顺着那方向望去，只见河畔凉亭里，一对青年男女相对而坐，两人都是泪涟涟的。这两个青年男女，冯梦龙认识，是邻村的一对恋人。听说两人已经定亲，三个月后秋收一过就要成亲。男方是做生意的，看那男子的装束，像是为了生意上的事情要出趟远门，女子则是送行的。想来他们是因新婚在即，却要分别一段时间，彼此不舍，所以才泪眼相向的。然而，这与赶脚的有什么相干，他为什么情绪也受到了影响呢？

冯梦龙问："小哥哥，他们哭他们的，与你何干？"

赶脚的说："我这驴儿，他早上就雇下了，我等他一直等到此时，太阳已经偏西，他们还没有分别的打算，我们是逃不掉要赶夜路了。赶夜路，我的驴儿岂不就要多吃苦了吗？非但我发愁，我的驴儿也在愁呢！"

冯梦龙说："原来如此，我认识他们，我替你去催催他们。"说着就要去，赶脚的一把拉住他，说："小兄弟，这可使不得，人家雇我的驴，是付了钱的，行止全随他，他说走就走，他说停就停，没有受雇的指挥雇主这条规矩。"

冯梦龙抓抓脑壳，嘟哝道："这就难了，怎么才能找到个既不催他又是在催他的办法呢？"

赶脚的一拍大腿，高兴地说："小兄弟你一句话提醒了我，办法有了。"站起身来，清清嗓子，唱起了山歌来。他唱的是：

"送情人，直送到丹阳路。

你也哭，我也哭，

赶脚的也来哭。

赶脚的，你哭是何故？

道是去的不肯去，

哭的只管哭。

你两下里调情也，

我的驴儿受了苦……"

赶脚的唱了一遍，凉亭里那两人还浑然不觉。赶脚的加大嗓门，又唱了一遍，凉亭里那两人都转过了脸来，愕然看向这边。冯梦龙捅捅赶脚的小哥哥，赶脚的运足丹田之气，唱第三遍，歌声更高亢了。凉亭里那两人不好意思地相视一笑，男的挪动步子，终于朝驴儿走过来了。

赶脚的小哥哥赶着驴儿，驴儿背上驮着那男青年，走远了，赶脚的唱的山歌，留在了冯梦龙的脑子里。许多年后，冯梦龙搜集山歌，想起了小时候在良塘河堤上听到的这一首，凭记忆把它录下，收在了他辑评的《挂枝儿》集子里。

"挂枝儿"是明代万历朝兴起于民间的时调小曲，在晚明甚为风行，到了"不分南北，不问老幼良贱，人人习之，亦人人喜听之"的程度。但是，如果没有冯梦龙做有心人，将当时的时调小曲记录下来，加以辑评，编辑成书，刻印存世，恐怕在风靡一时之后，也就随着时代的推移，湮没掉了。

《挂枝儿》中的时调小曲生动、活泼、率直、真切，风格独特，对研究晚明社会风气以及民间文学，具有重要意义。

西施造"蟹"字

卢群

　　蟹原来并不叫"蟹"。人们见它外壳坚硬、凹凸不平、二钳八脚、张牙舞爪、横行霸道的样子，称其为"钳人虫"。太湖里钳人虫最多、最大，秋风一起，钳人虫成群结队从湖里爬上岸来，到田里夹断稻禾，造成庄稼歉收，危害最严重的时候，甚至造成绝收，当时农民将其视为比蝗虫还可恶的害虫。

　　望亭濒临太湖，这里的稻田受钳人虫的害最深。乡民为了防其危害，秋天在湖滩上挖深沟，每夜由各户轮流派人在沟里点起篝火，引钳人虫来，让它们落入沟中烧死。这个办法虽然不能根治钳人虫，但多少也能减轻些危害，算是个没有办法的办法。夫差当上吴王之后，为了完成霸业，连年累月对外用兵，攻楚国，伐越国，又率全国之兵北上向齐国示威。一个诸侯国，实力再强，也经不起如此折腾，吴国的国库渐渐空虚了。越王勾践看准时机，谎称越国遭了天灾，向吴国借粮。夫差是个死要面子的人，自己国库里存粮也不多了，但他认为越国已经臣服于吴国，越民也是他的子民，做大王的不能不管，于是不顾群臣反对，慷慨地一借就是十万斛。到了第二年，越王连本带息归还了吴国十五万斛。夫差很高兴，觉得勾践很有良心，从此对越王就彻底放心了，不再派人监视他，让他有了"卧薪尝胆"的时间。越国归还的十五万斛稻谷颗颗饱满，夫差把这些稻谷发放给全国农户，心想用这么好的稻谷做种子，来年定能大丰收。

夫差哪里知道，越王归还的稻谷都是蒸过的，结果搞得吴国全国颗粒无收，吴国百姓只好吃野菜度日，老老少少饿成皮包骨头，怨声载道。

好不容易挨过一年，又到了秋季，这天夜里轮到望亭的一个小伙子去点篝火。他晚饭喝了一碗野菜汤，未到一个时辰，已饥肠辘辘，饿得难熬，睡在看夜棚里，翻来覆去睡不着。一阵风吹来，送来一股香味，勾起了小伙子的馋虫，他一骨碌爬起身，举着火把，循着香味寻去，寻到沟边，看见已被烧得橙红的钳人虫。这东西不知是否可吃，小伙子饿得实在撑不住，就不管三七二十一，拾起一只，剥开外壳，先是看到一块形如鱼卵、色似蛋黄的东西，便用手指挖出，送到嘴里一尝，肥腴透香。接着他又掰开内壳，见里面的肉洁白如玉，放到口中一嚼，鲜嫩无比。小伙子觉得这东西非常好吃，便拨开沟边火苗，用树枝夹出几只烤熟的钳人虫，带回棚中，饱餐了一顿。小伙子一时肚饥吃了钳人虫，但吃饱之后不免后怕，不知会不会吃出毛病，但吃也吃了，只好听天由命了。肚里有食，毕竟与饿肚不一样，不一会儿他就睡着了。

一觉醒来天大亮，见自己安然无恙，小伙子心里十分高兴。想到妻子还在挨饿，他带了几只烧熟的钳人虫回家。妻子开始不敢吃，小伙子将一只钳人虫剥开让妻子尝，妻子一吃，味道果然鲜美。妻子也是心地善良的人，马上想到挨饿的乡亲，就挨家挨户去讲这件事，一传十、十传百，不到一天工夫，钳人虫肉味鲜美的消息在望亭已是家喻户晓。大家都到沟边去拾钳人虫，现成的拾光了，有人干脆到湖里去捉，捉了放在锅里煮，现煮现吃比拾来的更香更腴。

越王勾践在吴国境内派了许多奸细，吴国发生的大事小事，随时都会报到他那里。望亭百姓吃钳人虫的事，被勾践知道后，就吩咐奸细传播谣言，说吴王无道，逼得百姓吃虫。七传八传，谣言也传到了夫差耳朵里，夫差大怒，下令彻查，查出了第一个吃钳人虫的小伙子。小伙子被抓到吴王跟前，吴王斥道："你可知吃这个东西坍了堂堂大国的台？"小伙子本来就有一肚子的怨气，这时心一横，回道："一年无收成，百姓总要想法活下去。"夫差给顶得无话可说，只好自找台阶："荒年吃就吃了，等到有了收成，不准再吃这种东西。"小伙子不买账："有了收成，先要解公粮，农家所剩无几，不够一年口粮，饿起来还得吃。"夫差气急败坏，喝令刀斧手，就要将小伙子绑出斩首。

西施出身农家，自小就对农民的疾苦深有了解，身为吴王宠妃后仍不减对农民的同情。她此时在旁一看不妙，连忙劝解道："大王息怒，这东西既然能吃，吃又何妨？同是水中所生，鱼虾上得宴席，吃这东西怎就塌了脸面？倒是百姓以此顶粮，省下粮食来充实军粮，大王应该高兴才是。"夫差对西施向来言听计从，她这么说了，夫差顿时转怒为喜，连声说："美人言之有理，言之有理。吃钳人虫，是百姓忠于寡人的表现，传寡人旨意，全国上下今后皆食此物。"

吃钳人虫就此推广开来，人人食后赞不绝口。西施担心以后又有什么谣言传到夫差耳中，引起他的不快，百姓又将倒霉，于是自己先尝过，再鼓动夫差吃，心想：你吃了以后就不能再在这件事上板面孔了。夫差觉得吃虫总有些别扭，迟迟不愿动嘴，西施一动脑筋，有了，给它起个好听的名字，不就行了么？那么，起个什么名呢？西施想到了小伙子讲过的"解公粮"的话，吃钳人虫与解公粮有些关系，就在"解"字下面放一"虫"字，把钳人虫称为"蟹"。夫差听了这个很雅的名字，也就大快朵颐了。这个名字从吴王宫里传到民间，于是人人都说"蟹"。日子稍久，人们就只知有"蟹"，把"钳人虫"这个名字忘记了。

有人据此考证出：在西施之前，"蟹"字是没有的；而"蟹"字的发源地，在望亭。

御窑金砖

金建英

陆墓地区（今元和街道）因烧制了北京皇宫的御窑金砖，受到永乐皇帝的称赞。此后，陆慕又为明朝历代皇室烧制了大批优质方砖。

清代，皇室沿袭明代采用苏州御窑烧制的金砖，修缮和修建内殿、园林、醮坛等。乾隆四十八年（1783），1430块陆墓御窑金砖运抵北京，辟雍殿翌年如期竣工。是年仲夏，乾隆亲临国子监辟雍殿金砖讲台。国子监建辟雍殿，殿座用金砖铺设，"临雍讲学"乃乾隆首创。

御窑金砖不但受到如此优待，还给世人留下了一段传说佳话呢！

古时候，陆墓余窑金砖呈黛青色，触手光滑、古朴坚实，因为货真价实，常被宫廷选用，这下好了，引起了周边地区窑主的嫉妒。

有一年，京城里传出消息，说余窑金砖不如无锡的南门窑的金砖好，南门窑货轻巧，声音清脆好听，余窑的货笨重，声音沉闷。照这样下去，京里要弃用余窑货而改用南门窑货了。这消息，以射箭一样的速度，一传十，十传百，传到了陆墓。

陆墓的余窑师傅听了，急得像热锅上的蚂蚁，陆墓家家户户以烧制砖瓦为生，这下生计都难了。其中有个手艺最好的老师傅，叫余勤良。余勤良年届五十，五短身材，头发花白，一眼看去，就知道他是吃苦耐劳之人。余家世代烧砖，家业传到了余勤良手里。他做事踏实，烧砖兢兢业业。他用上好的烧砖土，砖坯的制作、烧制流程都十分严格。首先要选土，把土摊在场地上晒干、捣碎、过筛；其次要练泥，细泥加水搅和用双脚在泥中反复踩踏，使其稠而均匀；再次要从练好的泥中取出泥料，甩入砖模，用力挤压，再脱坯；最后晾干，才进窑烧制。从选泥、练泥、制坯、装窑、烘干、焙烧、窨水、出窑，一共要经历八大工序，道道当心，环环相扣，再加上他有一手祖传的绝技，所以他烧出的方砖光润如墨玉，平滑如明镜。

他召集大家，摆了摆手说："大家先不要着急，我带几个人去无锡的南门窑场兜一圈，看看他们葫芦里卖的啥药。"

几天过后，南门窑四周来了几个人，挑着用废铜烂铁、破衣旧布换糖的担子，东看西看，嘴里叫喊着"阿要换糖，阿要换糖"。还有几个一手拿棒、一手挽饭篮的讨饭乞丐，见人就说："我三天没吃了，给点钱吧。"他们在窑边兜来兜去，有的看选泥，有的看练泥，有的看制坯，有的看装窑、焙烧。原来，这些人就是余勤良他们乔装打扮后去南门窑场摸底细的。他们都是制作方砖的高手，三天之后，已将南门窑制砖的每道工序摸得一清二楚，并发现了南门窑烧制的方砖轻巧、敲之有声的玄机。

过了十来天，余勤良得知南门窑烧制的方砖装上了官船，要运往京城。余勤良同几个窑工一起，在陆墓余窑装上了自己烧制的方砖，放到船上，尾随官船向京城驶去。

交货的日子到了，根据当时工部的规定，地方上经过检验送至京城用以建筑皇宫的所有材料，还得由工部验货官再次验收。所以，南门窑的方砖运到京城后被放在一间大厅里。到了验收那天，南门窑的窑主带领手下窑工早就等候在那里。眼看验收时辰将近，余勤良带着手下窑工走进大厅，验货官问余勤良是哪里人，来此何事。余勤良说："我是苏州齐门外陆墓镇余窑村人，来京城送方砖的。"

验货官点点头，关照把南门窑砖和余窑砖分别架在两只验货台上。验货官先用小榔头在余窑砖上轻敲几下，没有开口就走了，转身又到南门窑砖边，也用小榔头轻敲了几下，顿时发出"咚咚咚"的清脆响声。验货官对余勤良说："那砖多清脆，确实比你们的好哪！"

余勤良心里压着一团火，只是不好发作，他含笑抱拳对验货官说："禀大人，我有一句话，不知该问不该问？"

验货官说："可以讲。"

余勤良说："京里用金砖铺宫殿，盖园陵，我想这是百年大计。"

验货官不耐烦地说："对，这还用问？"

余勤良说："百年大计，首先要实用坚固，不能光看表面。"

验货官眼珠一瞪："你这话啥意思？"

余勤良冷静地说："我是讲砖要经久耐用。"

验货官一看余勤良老实，说话不卑不亢的，开口赞了一句："嗯，说得有点道理。"

南门窑窑主听了很不高兴，反驳说："东西当然要实用牢固，我们的方砖轻巧，声音又好听，总比笨重又难听的好得多哩。"

这时，余勤良反应极快，寸步不让，马上抱拳对验货官说："禀大人，俗话说得好，是骡是马，牵出来遛遛就真相大白，小人冒死有事相求，请把两家的方砖从侧面锯开，看看谁家的方砖质地细腻！"

验货官一时搞不明白是啥意思，但无锡人听了却立刻坐立不安。

验货官一看双方神色，知道砖头里面有"文章"，就大声命令："来人，锯砖！"

厅堂上鸦雀无声，绣花针落地也能听见。一会儿，只听得一阵"叽咕叽咕"钢锯声，两块金砖被锯开了。

验货官先看余窑砖，锯开的地方砖质细腻；再看南门窑砖，大吃一惊：原来里边四只角有四个小洞，中间还有一个大洞！验货官气得胡子翘，眼睛差点瞪出来，无锡人面色发青，虚汗直流，自知理亏，支支吾吾："小民该死，小民该死……"

　　余勤良这时才松了一口气，心平气和地说："这五个洞是做坯时放了五个草把，烧窑时草把变灰，里边就空了，因此拿来轻巧，听来清脆，但并不实用。"原来，无锡的南门窑窑主自知自己烧制的方砖不如余窑，便想了个取巧办法来弄虚作假，想要巧取胜。

　　从此，余窑师傅取材严、烧制精的声誉远扬。余窑烧制的方砖因为质地好，铺进了金銮殿，并受到永乐皇帝朱棣的称赞，朱棣为余窑赐名"御窑"。

织梦荷花: 巧生与缂丝的传说

沈雪

　　在宋朝的苏州蠡口, 生活着一位名叫巧生的年轻小伙。他拥有一双织造绢帛的巧手。水乡的晨雾还未散尽, 巧生已坐在织机前织起绢来。他织的绢帛细腻, 常常被文人墨客用来书写诗词、绘制画卷。在这日复一日与文人的交往中, 巧生也逐渐学会了些许绘画技巧。

　　巧生家门前有一片竹林, 清幽至极。闲暇之余, 巧生最喜欢的事情便是倚竹而坐, 闭上眼睛, 聆听那百鸟齐鸣的悦耳乐章。那清脆的鸟鸣, 配上风过竹林的瑟瑟声, 让巧生沉醉其中。为了留住这份美好, 他灵机一动, 削竹为箫, 尝试着将那些鸟儿的歌声融入箫声之中, 竟真的将鸟声活灵活现地吹奏了出来, 悠扬动听的箫声常常引得竹林中的鸟儿驻足倾听。

　　然而, 好景不长, 金兵南侵, 战乱四起, 曾经繁华的市集变得萧条不堪, 巧生的绢帛也无人问津。为了生计, 他不得不放下手中的织机, 挑起了糖担, 走街串巷, 收起了旧衣裳和破布头。在那些衣物中, 巧生偶然发现了一块神奇的旧衣片。衣片的正反面都绣着相同的花鸟图案, 既无织锦的繁复, 也无刺绣的细腻, 而是一种他从未见过的精美工艺。那图案中的五色瑞莲, 更是让他着迷。他决定, 要亲手织出这样一块双面图纹的丝绸。

　　巧生走过大江南北, 直到有一天, 他来到了一个风景如画的村庄。村口的荷塘里, 五色斑斓的荷花在翠叶的掩映下亭亭玉立, 宛如仙境。这番美景, 让巧生觉得似曾相识,他猛然想起,这不正是那块神秘衣片上的五色瑞莲吗?他心中一阵激动,背倚柳树,面对荷花,吹起了心爱的竹箫。那悠扬的箫声,惊动了塘边洗衣的姑娘。她一不留神,衣裳掉进了水里。巧生见状,毫不犹豫地跳入塘中,将衣服捞了上来。姑娘感激不尽,从怀里掏出一个手绢包,递给巧生作为答谢,然后一笑而去。

巧生打开手绢包,发现里面竟然有一颗粉红色的莲子。他小心翼翼地把它种在了老家天井内的水缸里。没过多久,缸里便长满了翡翠般的荷叶,清香四溢。再过几天,那些荷叶间竟然绽放出了五彩缤纷的花朵。巧生被这美景深深吸引,决定将它画下来,织在绸上。

他从城里买来笔墨颜料,精心绘制了一幅荷花图样。然后,他拿出那块神秘的丝绸残片作为参考,将彩线装在织绢的梭子里,对着图稿一梭梭地织了起来。然而,当他从城里买丝线回来时,却惊讶地发现织机上的丝绸竟然开满了荷花!他定睛一看,那些花朵竟然是用彩线织上去的,与画稿一模一样!巧生惊喜交加,问遍了左邻右舍,却无人知晓谁曾来过他家。

第二天,巧生一早起来,躲在门背后窥探家中。不久,荷花缸里竟然出现了一个姑娘!她四下张望无人后,悄悄走到织机前,用荷花荷叶汁染成五彩藕丝,以尖尖竹叶为梭,在梭子里装上颜色由浅入深的藕丝,整齐排列在织机前。然后,她熟练地织起了丝绸。巧生细看之下,发现这绿裙红裳的美人正是那天赠他莲子的姑娘!他恍然大悟,这姑娘必是莲花仙子无疑!

仙子的秘密被窥破后,她并没有离开,而是选择留在了巧生家里。她教会了巧生这种神奇的工艺——缂丝。从此,世上便有了这种精美绝伦、独一无二的丝绸制品。而巧生和莲花仙子相遇的故事,也成了人们口口相传的佳话。

黄埭西瓜子

朱恶紫

当人们谈到苏州土特产时，必然会联想到黄埭的"香水炒西瓜子"（简称"黄埭西瓜子"）。该瓜子自开始销售至今，已有百年以上的悠久历史，远销海内外，深得食客的喜爱。

说老实话，黄埭本地并不出产这种瓜子，而是远从山东胶州采购来的，行话称这种瓜子为"胶子"。这种胶子皮薄肉厚，经过加工，籽粒齐整，大小匀称；香脆可口，一咬两瓣；吃后手上不沾油污。通过特殊的炒法，瓜子水分充分蒸发，瓜子壳吐在地上，绝大部分壳都是黑面着地、白面朝天。若把炒熟的瓜子放置在桌上，以口吹气，瓜子会自动旋转，这是籽粒饱满、干燥之故。

炒制黄埭香水瓜子的创始人是殷福熙，其糖果铺设在沪渎桥东首，店面仅有一开间大小。因店主姓殷，店铺字号名"殷瑞记"。殷福熙是个事业心很强的人，他认为做生意装潢是其次，产品质量是关键，立志要在"西瓜子"这一产品上闯出一条路子来。

炒西瓜子首先要精选原料，每百斤瓜子中精拣细剔，籽粒大小均匀、籽面无疵、颗粒饱满、精洁度达标的仅二十多斤。要在竹箩内淘洗干净，然后着手炒制。但是起先不是炒焦，就是半生不熟，炒制方面总过不了关，殷福熙心中十分烦闷，决定到苏州采芝斋去取经学习。

一天清晨，他搭航船（当时还没有轮船）到苏州，直奔观前街采芝斋，准备买一包西瓜子带回去细细研究，于是摸出铜板向伙计买瓜子。谁知那伙计见殷老板破衣旧鞋，就没好气地把一包瓜子向柜台上一丢。这一丢，用力过头，一包瓜子摔到了地上，纸破包穿，撒了一地。殷老板忍耐不住嘀咕了几句。谁知伙计勃然大怒："屈死！自己没接住，还怪我弄脏了你的手！有本领也去开爿店，你有弄不脏手的瓜子，我就向你叩三个响头……"殷老板边拾瓜子边包好，不由得怒气冲冲地回答："三年之内一定受你的响头！"

殷福熙气冲冲回到家，对那包瓜子左推敲，右观察，找不到一点奥秘，便在店里兀自生气，和他的女婿"吴鼎盛"糖果店（店在中市桥北堍）老板吴芝基一起商量。正在烦恼之时，来了位老年顾客要买西瓜子。殷老板实言相告，瓜子暂时不卖。老者问他为什么？他说货色质量不好，不能欺骗顾客。老者跷着大拇指说："做生意是要重信用，老板说得对！"说着自顾自走进了店堂。

此人不是别人，乃采芝斋老板金隐之的大师兄易老九，也是吃炒货饭的，后来和师弟关系不好，就转业开了爿野味店。易老九在炒瓜子一行是个好手，并且还珍藏一张炒瓜子的秘方，采芝斋金老板几次跟他商量都没有弄到手。日前殷老板在采芝斋买瓜子的事，他也有所耳闻，今天就是特来试试殷福熙的。易老九见殷福熙诚实可敬，就向殷家翁婿和盘托出炒货配方，并亲自炒给他们看，传授掌握火候等技巧。最后茶也没喝一口就走出店门回去了。殷家翁婿两人感激不尽，即按配方如法炮制，果然炒出的瓜子足与采芝斋相抗衡，甚至远超其上，嗑起来一吐两爿壳，香喷喷的，手指上点尘不染。事后，殷老板不禁想起自己买瓜子受辱的事，于是拣一个晴天搭船到苏州去受响头。谁知那个伙计早已脚底抹油溜走了。

从此，黄埭西瓜子声誉日著，盛销苏沪，吴老板再到上海四马路天蟾舞台对面开设分店专售"香水西瓜子"。1927年在杭州西湖博览会上获优胜奖状。后在河北石家庄也设了分销店，驰名海内外，连苏州采芝斋也甘拜下风。

时代故事

太平桥牛场记

金建英

太平老街位于苏州北郊阳澄湖畔，是一条沉淀着悠久历史文化气息的老街。旧时，这里溪川纵横，湖畔溪边荻芦摇曳，被称为"荻溪"。

我漫步在太平老街，看过往的风景，透过岁月的痕迹，看见了古往今来。随着城市的发展，有关太平老街的事和物变成了回忆，恍然间，仿佛穿越到了那个繁华的时代，感受着浓厚的历史气息。

我走过东、西牛场弄，想起了太平街道的文史专家龚仁之老师跟我说的一句话："东、西牛场弄，那就是伲太平桥的牛场呀。"

一次，我去太平文史馆拜访龚老师，他跟我讲起了牛场的件件往事。在他的讲述中，我仿佛看到了当年牛场的繁荣景象和人们忙碌的身影。

牛场，又称牛市。利用牛力进行农耕的牛被称为耕牛，而牛场就是买卖耕牛的交易市场。

太平老街区有一条东西走向的九思街，民间俗称"狗屎街"。太平桥牛场就在九思街北面，传说此地在宋朝时，曾是邢姓兵部侍郎宅第的后花园。九思街有两条进入牛场的通道，东面的叫东牛场弄，西面的叫西牛场弄。牛场东西长约250米，南北宽约150米，坐北朝南，有20间进深为3—4米的简易茅草牛屋，每间牛屋可安置3头牛，内有木架牛栏、料桶等，牛屋前为一片宽广的交易鉴试场，牛场内设有牛道。牛道是用稻柴压扁做成的，目的是不伤牛脚。

太平桥牛场形成于明清时期，到民国初，进入了兴旺阶段。想当年，凌晨五点，晨曦微露，第一缕曙光透过薄雾，打破了小镇的宁静，一个特别的市场——太平桥耕牛市场热闹起来了，有外地、本地的农户陆续进场，"哞哞"的牛声和讨价还价的人声在市场里此起彼伏、不绝于耳。

北宋《吴地记后集》所载吴县二十二都，太平即为其中之一，又因这里拥有肥沃的土地与富饶的物产，历来享有"鱼米之仓"的美誉。太平地区地处阳澄湖畔，气候温暖而湿润，农户以种植水稻、三麦、油菜等农作物为主。那时普遍利用耕牛来干农活，如耕田翻土、碎泥耙田、车水灌溉、牵砻磨粉、排涝抗旱等，每头耕牛要负担50亩左右田地的耕翻、灌溉任务，所以被称为"农家宝"。富裕人家要种好田，获取好收成，就淘汰羸弱的老牛，选购健壮、优良、有脚力的好牛。也有的农户家境差一些，买价格便宜的老牛或者黄牛。牛多是从外地或本地收购来的，因此出现了耕牛买卖交易，逐渐形成了耕牛的交易市场——太平桥牛场。

牛场的耕牛交易是由牛董和牛头来经营管理的。民国初，牛场由朱寿寿（谐音）董事掌管。朱寿寿在当时很有势力，手下有5个门徒，太平一大队的龚金祥是第一大门徒，是当时5个有名的牛头之一。龚金祥带儿子龚茂卿走南闯北去采购耕牛，龚茂卿也逐渐积累了鉴别耕牛优劣的经验，熟悉了牛市交易的管理程序，后来龚茂卿也干上了牛头这个职业。直到新中国成立后，农户或生产队购买耕牛，还要派龚茂卿去福建、浙江等地选购耕牛。

每年春耕秋种前是牛场耕牛交易的旺季，所以牛场在春耕秋种前一段时间就要备好、备足可供交易的耕牛。交易的耕牛主要有水牛、黄牛等，水牛偏多，因为水牛喜水，适合阳澄湖地区。关于耕牛的交易价，一般来说，水牛的价要比黄牛贵。在交易中，牛头把买主相中的牛牵到鉴试场上走几圈，首先是看牛的年龄，这可以通过牛的牙齿来断定；其次是看牛的脚力，牛脚要高，腿要坚实；最后看牛的健壮程度等。买主看完中意才论价，然后双方定价成交。

在交易前后要对采购来的新牛进行驯化，使其完成从牛到耕牛的转变。

据龚仁之老师在《荻溪故事》一书中所述：购来的新牛一般不会做耕田、车水等农活，牛头就要在牛场或实地对其进行试耕、试车训练。买主买回去后也还要在牛头指导下继续进行农耕实训，使之成为熟练的农耕好手。好牛是驯出来的，俗话说牵牛要牵牛鼻子，牵好牛鼻子是驯牛的关键。如驯牛车水（俗称牛打水），首先把牛牵到牛车棚里，把牛绳缚在圆形车盘上，使牛鼻与车盘相距一尺左右，再给牛戴上一副竹制的碗眼，蒙住其眼睛，然后用车套夹头套在牛肩上，使牛一心一意地绕车盘等距离行走在牛路上，如牛不肯走，则用牛鞭抽打牛屁股，使之一圈又一圈地有规律地行走，养成牛车水的习惯。驯牛成为耕牛交易市场中必不可少的一个部分。

牛耕是人类农业史上的一大进步，人们使用耕牛耕种土地、农作物取代手工或原始的耕作方式，大大提高了生产效率，形成了现代农业的基础。

抗战时期，太平桥牛场因牛董朱寿寿的儿子朱昌炎败光家财和战乱等原因逐渐走向衰落，至20世纪40年代初不再进行耕牛交易，成了胡肇汉收粮、收税的地方。

20世纪70年代后，太平桥牛场陆续建有民房，还保留了一块空地。人们永远不会忘记太平桥牛场，至今仍保留着东、西牛场弄的地名，沉淀着历史长河中牛场劳作的印记，见证了太平老街的历史发展。

黄埭老街

周彩虹

　　黄埭老街全长1300多米，从镇西的城隍庙直到镇东的庙桥。过去这里是鳞次栉比的商铺，有百余年历史的古色古香的老房子铺满了两旁，故有"银黄埭"之称。现在的黄埭老街呢，一条笔直的有些上了年纪的水泥通道向前延伸着，两旁的房屋明显能看出已是补了再补的，即便补了，依然可见斑驳的痕迹。

　　老街上有二层三层的小楼房，有单间或二间三间平排的平房。房屋和房屋紧挨着，就像兄弟姐妹似的不愿分开。偶尔也有分开的房屋，那中间必有一条小弄堂，从小弄堂进去可一直走到河滩，在河滩上捧起一把清水洗把脸，也是别有一番情调的。小楼房和平房虽然在岁月的洗礼中修了又破，破了又修，但它们依然保持着民国老房屋的风貌，依水而居的生存环境可能更能养育黄埭老街的人和植物吧。你看，老房子上攀附着的小木香开得多鲜艳，旁边的一盆盆大葱、一盆盆万年青绿得真叫·个漂亮。还有那河岸上的柿子树、枇杷树，郁郁葱葱，争相斗艳，是要和春天比美吗？

　　往老街深处走去，一家家商铺开着门迎接着四方客。店主是好客的、热情的，只要你在他的店门口稍微站立一会儿，他就会热情地把你迎进去，也不是非要让你买他家的东西，拉拉家常也可以。

　　老街上的店铺很多，卖鱼的和卖肉的就在隔壁连着，有人要买鱼了，抓起一条来，引得大脚盆里的鱼儿个个活蹦乱跳起来，老板忙得不亦乐乎，又收钱，又杀鱼的。蔬菜和豆制品是放在一起的，那新鲜的、颜色好看的蔬菜躺在那里，让你总有一种想过去把它买回家的冲动。走进去还有副食品商店、竹行、香烟店、茶叶店、家具店等，真是琳琅满目。附近的和一些稍远的居民走着逛着挑着，和商家讨价还价着。

还有一些临时摊位，基本都是一些上了年纪的老妇人，她们或在地上放一些时令蔬菜，或放一些草鸡蛋，拿个小板凳坐着，静静地等待着顾客光临。

老街上的店铺很繁华，但最引人注目的是小华饭店（之前叫埭川饭店）。掌勺的是一位63岁的老阿姨，别看她已经63岁了，做起事情干净利落，三个铁锅放前面一起炒，这个锅打开火放油了，那个锅要撒一些佐料了，旁边的菜要起锅了，她一个都不会弄乱，看上去是手忙脚乱，但忙中却有次序。大伙儿吃过她炒的菜个个竖起大拇指。还有"天福香水西瓜子"，那是闻名遐迩，人尽皆知啊！

一路走去，你还会闻到一路芳香，那是老屋旁飘来的月季花香。老屋虽旧，但富有青春活力的花花草草一点也不少啊！墙角处总有人家会种上几盆小花或绿植，这些植物着实给老街带来了一片清凉、一些新意。还有那窗户口飘出的饭菜香，让你忍不住想瞧瞧，看看是哪位巧妇做出来的美味佳肴啊！

黄埭老街比起新街算是幽静的，但它的静中也夹杂着一分热闹，年轻的上班族骑着电瓶车穿梭于老街中，给老街带来了一份朝气。

老街是古老朴素的，古老中也有现代文明的气息。老街是含蓄寂静的，含蓄中也有一份热情。

老街从明清到现在经历了风风雨雨，好在它还是完整的，黄埭人没有把它遗忘，一直在努力保护它。老街也给人们带来了欢乐，带来了希望，带来了财富……

参天古银杏

段鹏飞

满园银杏秋风落。我慕名来到相城的太平禅寺，端详这棵银杏树。北宋时期王皋之子王铎所建的祠堂，早已改换门庭，唯有这树，还能作为旧时因果的见证。兴衰的王朝将荣辱写在史册上，近千年的风雨被银杏树刻在了身上。

树有合抱之围，像碾盘一样粗。沟壑在树干上纵横，像是笔锋留出的撇捺，染上苍绿的苔痕，写满了岁月的痕迹。在敦厚的树干承托下，枝丫直立而上，开枝散叶。携着同样的根基和秉性，枝叶自信地向天空伸展而去，宛如子嗣绵延，将天空铺满明亮而热情的金黄。

相传，银杏代表着长寿。西安周至县有个楼观台，观内古银杏尤负盛名，据说至今已有2000多年。其余出名的银杏树，也有着长则几千年、短则几百年的历史。每逢叶落知秋时节，各家媒体、游客似乎也在就银杏树的年岁问题一探究竟。那么，古人留给我们的，仅仅是一棵长寿的树吗？

透过树干，我看到了后面的寺院，高悬的匾额"太平禅寺"让我想起它的前世——王氏家祠。三槐堂王氏，南渡后在此定居。这一脉的近祖王皋，虽然不入史传，但从他的生平，或许可以发现银杏树的密语。

据石湖居士范成大所撰《子高公传》记载，靖康之乱后，金人准备另立傀儡政权，危亡之时，王皋怒斥金人以维护正统。宋高宗登基后，王皋赶往拥立，后部下叛乱，他冒险突围，率兵勤王，力保高宗平安。由此观之，王皋护国家于倾覆之际，救皇帝于危难之时，可谓尽忠尽责。然而事与愿违，忠臣难以报国，这在南宋并不稀奇。局势安定后，王皋主张趁机北伐，收复中原，然而朝廷准备议和偏安。王皋长叹不已，与主和派难以共存，最终只能归隐于益地乡荻扁村（今苏州市相城区太平镇旺巷村）。

王皋忠心报国之余，也用心家族之事，续写三槐堂王氏族谱，邀请莫逆好友岳飞为族谱题词作跋，以期传承。王皋二儿子王铎继承父志，主持修建王氏祠堂，亲手在祠堂前种了这棵银杏树，寓意为镇宅之木，旨在传承精神，开枝散叶。后来祠堂在明代变为庵，再后供奉猛将，在21世纪改成"太平禅寺"。王氏不仅先辈人才辈出，为将为相皆光大门楣，后代更是人才济济，为学为文均颇具特色。而作为近祖的王皋更是豪杰代表，于乱世中坚守，进则为国，退则为家，明晓大义，传承家风。这，正是知识分子的浩然正气和家国情怀。

时光瞬息如电，转眼已过千年。村落的痕迹几度消磨，院落的墙皮几度脱落。我听到树叶摇动低语，看到银杏叶随风起舞，黄叶纷纷，像是曾经构成诗歌的词语，又重新编成了故事。我手托一叶，细看这生命的文本，这对称的美学结构，像极了王皋的家国并重；再看这生命的纹理脉络，确是传承的故事线索。我相信，这银杏树，寄托的就是王皋及王氏家族的精神，为国效忠，为家传承。

这不只是一棵长寿的银杏树，银杏树也不只因长寿为人称道。王氏祠堂是三槐堂王氏宗祠所在之地，银杏树是王皋之子王铎所植，看到银杏，家国情怀就涌上心头。

再想到王皋、想到老子、想到学问和家国情怀，要听得见黄叶的絮语。银杏树的意义，不是年岁的比拼。

我信步走去，看街道静谧，游人闲适，宛如一切从未发生，不曾留下历史的痕迹。银杏树周围鲜少有人驻足，远不如网红景点人潮汹涌。我沉默着离开，走过老街，江南民居参差错落，800多年的银杏树独木参天，望着银杏树，我看到了王皋和那熠熠生辉的家族精神。但今天我将带着自己的满心欢喜和遗憾，离开这片岁月曾勾勒过的土地。

这时，我看到了新建的"王皋故居"，我看到了里面成群的少年学生……

阳澄之水

周孙卉

　　阳澄之水，娴静时如眉眼盈盈的女子，鬓角簪着白兰花，皓腕戴一圈丝线串起的茉莉，身着蓝印花布衫系天青色裙，手持的粉红团扇垂着长长的流苏。你想象中的江南女子有多美，阳澄湖的水就有多美。风细细，微澜起，层层叠叠的水波轻拂岸边芦苇与柳树，呢喃声如低回婉转的苏州评弹。

　　阳澄之水，刚烈时若铁骨铮铮的硬汉，芦苇荡化身青纱帐掩护刀枪剑戟，渔船在千万条迷宫般的水上巷陌穿梭撒网，也偷偷运输弹药武器；夜晚渔火点点喂养鱼蟹，也闪烁长短信号传递秘密消息。蓑衣草帽下眼神犀利如鹰，倏然深潜水底又勃然跃起的身姿矫健似条条大鱼。江南水乡浴血奋战时的英勇壮烈，不输祖国大地任何一处的风雷激荡。

　　"垒起七星灶，铜壶煮三江。摆开八仙桌，招待十六方……"这段唱词出自京剧《沙家浜》，很多人耳熟能详。舞台上，春来茶馆老板娘阿庆嫂为掩护新四军伤病员，面对不怀好意的试探，沉着冷静机智周旋，最终化险为夷。阿庆嫂是谁？阳澄湖岸边的许多老人家都会指指不远处的芦苇荡，再指指身后世代居住的老街，用一口软糯的苏州话说："伲格面（我们这里），阿庆嫂多咪，不止一个呢。"

　　到当年的水上交通枢纽、阳澄湖北岸的消泾村看看吧。一脚踏进老街，恍惚间似乎穿越到上个世纪：小桥流水人家，竹篱笆蝴蝶翩跹，桃花三两枝，燕子斜斜飞过，把木门咿呀推出去，便是粼粼的波光，一叠石阶斜落到水面，让人忍不住想脱掉鞋袜，赤脚走进那份沁凉。路是小路，由青砖铺就，被时光渍成了青黑色，弯曲而狭窄。撑着油纸伞的姑娘款款走来，绣花鞋步步生莲。小路两侧老房子你挨着我我挤着你，屋脊与门窗皆瘦，却不寒素，反而随处皆如画。有些门楼用小青瓦层层覆盖如黑色鱼鳞，粉白墙壁嵌着梅花纹、如意纹的镂空花窗。粉墙黛瓦，典型的江南风格。如果不是门口竖着牌子，游客匆匆走过，很难发现老街26号居然藏着一座阳澄湖地区抗日斗争史迹陈列馆。

陈列馆也是当年的新四军江南抗日义勇军（简称"江抗"）驻消泾办事处，最早其实就是沈菊英的家。她是一位普通的水乡妇女，眉眼温和，衣着朴素，模样看起来就和左邻右舍的阿嫂们差不多。当年，凭着江南女子特有的聪敏细致与沉稳，她将自己的家经营成了苏常太抗日游击根据地最值得信赖的交通联络站之一。站在陈列馆里，看着116幅历史照片和68件实物，听讲解员介绍那段惊心动魄的岁月，眼前会浮现出一幕幕生动的画面：

1939年，团长叶飞率领新四军东进抗日，改用江南抗日义勇军番号，主力奉命西撤转移时，留下1所后方医院和36个伤病员。伤病员们有的在夜袭上海虹桥飞机场时被弹片击断了几根肋骨，有的被子弹击中落入水中、半身泡在水里十多个小时才被战友救起，有的因连续作战彻夜不眠导致体力不支而病倒……说是后方医院，实际上既不是后方，也没有医院，伤病员分散流动在阳澄湖畔的消泾、长浜、张家浜、陆巷等村庄里，利用这一带芦苇茂密、港汊众多、水系复杂的有利条件隐蔽下来，由当地乡亲分头照料。

沈菊英腾出房屋迎接伤病员战士们，把家里仅剩的几件衣服拿出来给他们穿，一边外出送情报，一边应付敌人搜查。1940年7月，她去浜泾村送情报时，被汉奸抓获杀害；她的儿子陆义继承母志加入队伍，受伤牺牲时年仅20岁；儿子死后，她的儿媳石雪珍抱着年幼的儿子陆智铃继续支撑起地下交通站的工作。真是一门英烈啊！

军旅作家崔左夫创作的《血染着的姓名——三十六个伤病员的斗争纪

实》，后改编成沪剧《芦荡火种》，后又改编成京剧《沙家浜》。阿庆嫂是综合了包括沈菊英在内的多位地下党员的事迹虚构而成的人物，虽是虚构，却活灵活现，深入人心。只因当年确实有许多地下党员用茶馆、酒肆、旅馆作为交通联络的掩护，他们站在柜台迎来送往，笑眯眯不动声色，一副生意人和气生财的模样。

阿庆嫂的装扮也是苏州水乡妇女特有的：俏生生的蓝印花布衫，打着细密褶子、绣着花边的作裙（一种实用又漂亮的围裙，是苏州传统服饰）系紧纤细腰身，长发梳得丝丝分明，在后脑勺盘一个圆髻，露出光洁额头，清爽又素净，偶尔摘几朵院子里新开的白兰花簪在鬓边，或者用绣花针线穿一串洁白清香的茉莉花挂在衣襟扣子上。干起活来干净利索，说软糯好听的苏州话，嘴角挂浅淡笑容，温婉的外表下藏着一颗勇敢的心。

当年，阳澄湖畔像阿庆嫂这样的女子，比比皆是。甚至，在敌强我弱的情况下，无数村民依然跟着"江抗"战士一起投入枪林弹雨，他们一个猛子扎下去，像条大鱼深潜水底，他们俯下身子熟练地摇荡桨橹，驾驶自家的小渔船飞快穿梭运送战士，他们砍来竹子树枝在小河沟上迅速搭建浮桥，他们组成民兵队学习射击扔手榴弹，他们报名参军冲上战场……可以说，每一处港汊都见证过英雄们奋战的身影，每一丛芦苇都听到过军民们激昂的呐喊，每一座老屋都经历过枕戈待旦的煎熬，每一架小桥都记录过荡气回肠的史诗。

硝烟散尽，如今的阳澄湖安宁祥和、游客众多，已经成了苏州的一张旅游名片。消泾村新建的阳澄湖大闸蟹文化馆别致有趣，入口是一个蟹笼——用竹篾、藤条编织成的长条形圆笼。有个成语叫"请君入瓮"，在这里是"请君入笼"。游客弯腰钻进蟹笼，慢慢往前走，听到极轻微的"郭嗦郭嗦"声，那是螃蟹爬动的声音，还有极轻微的"噗噜噗噜"声，那是螃蟹吐泡泡的声音。光影声效逼真还原了蟹苗脱壳成长的过程，令人身临其境。这座文化馆由闲置老厂房改造而来，外墙采用了与渔家蓑衣颜色相似的暖黄色铝板，白天与阳澄湖风光自然融合，夜里散发光芒宛如明珠。

同样化腐朽为神奇的，还有消泾村的阳澄湖1971仓坊。20世纪六七十年代，全国各地生产队开始自建粮仓，储存粮食作物。土圆仓胖胖的身影曾经遍布苏州城外的各个乡镇，又在历史的长河里无声无息消失。令人惊喜的是，包括消泾村的5个粮仓在内，相城区居然总共保有27个同款粮仓，而且大多形制完好。如此集中、成规模的遗存，在同时代同地区实为罕见。

它们由村民自己动手建造，样式土气却做工扎实。村民们舍得下功夫，从挖填地基，到垒墙、封顶，每个步骤都认认真真，不敢有丝毫闪失。生产队把一年的辛苦收成托付给它，全村老少的公粮和口粮都在里面呢，怎能不尽心？虽然原材料只有泥土和稻草，结构简单，但粮仓受力均匀、造型稳固、储存量大，非常实用，是中国粮食仓储史上的一大创举，记录了新中国粮仓建设史从无到有的演变过程，成为特定年代的实物例证，在历史长河里留下了浓墨重彩的一笔。后来，消泾村的这几个土圆仓空置了十多年。江南潮湿多雨，梅雨绵绵，秋雨潇潇，无数次击打着粮仓的屋顶，无数次留下雨打空城的寂寞回声。水渍斑驳，苔痕上阶绿，野草细长的藤蔓沿外墙寸寸游走，留下枝叶影影绰绰的痕迹，起初浅淡，逐年深浓，从灰苍色逐渐过渡到青黛色，远远看去，酷似一幅古意盎然的写意水墨画。

守得云开见月明。终于，它们被看见了。没有歪斜、没有变形、没有裂缝，屋顶没有漏雨，小小的窗户紧闭，依然整整齐齐排成一排，稳稳当当地站着。以现在的眼光重新审视它们，看见的是颇为庞大的建筑群，造型简洁，线条流畅，很有些美学价值。改造工作开始了，它们被赋予"阳澄湖1971仓坊"这个朴素亲切而端庄大气的新名字，并于2023年开门营业，招待四方游客。原有建筑物的外部特征基本保留了下来，一看就是老物件，不是生硬的新造仿古。老物件自带时光打磨出的柔光，沧桑朴拙又安详的气息从灰白色外墙的每一处斑驳里、屋顶每一条砖缝里往外散发。

掀开土圆仓的蓝印花门帘走进去，别有洞天："稻米时光"展示了从一粒谷到一粒米的过程；"谷雨布谷"铺天盖地放满鸟笼；"冬藏入库"四壁皆是粒粒黄澄澄的稻谷，让人仿佛置身于巨大的稻谷堆中；"节气农耕"展示各个节气的农事；"舌尖米食"现场蒸制各色米糕。5个展厅立足于粮仓及粮食本体，融入农耕文化、稻作文化、节气文化、地域文化、非遗文化、民俗文化内涵，唤醒鬓发斑白者的乡愁，开拓不谙世事者的见识。走进土圆仓，如同打开一本活教材，给孩子们上了乡土教育的生动一课。

自古以来，人们对于粮食的信仰虔诚而恭敬，是扎根于农耕文明的血脉记忆。"谁知盘中餐，粒粒皆辛苦"的诗句，从小教育了我们要珍惜粮食。"苏湖熟，天下足"，自宋元明清直至今日，苏州地区稻作农业经济发达，为全国奠定了雄厚的经济基础，我们无法穿越到宋元明清，亲见天下粮仓的盛况，但土圆仓历史遗存的发掘、保护、再利用，多少可以让我们窥一斑知全豹。

这里距离上海虹桥机场、姑苏古城区都只有半小时车程，交通便利，除了有田园的宁静悠闲，更有满桌湖鲜等着来客。茭白、水芹、芡实、螺蛳、鳗鲡、白鱼等，清炒爽口，清蒸嫩滑，红烧肥美，炖汤醇厚，入口难忘，号称"湖八仙"；青壳、白肚、金爪、黄毛的清水大闸蟹滋味美妙，天下闻名。随便推开哪家农家乐的门，刚从湖里捞出的各类水产都鲜活肥美，让人大饱口福。

当然，只有亲自到了这里，双脚踏踏实实站在这里，嗅着这里清新的空气，敞开衣领让滋润微凉的风拂过面颊脖颈，你才能够真正知晓它的好。你会发现，阳澄之水恰似它的名字一样，澄明清澈，阳光可以透底，远远望去像一块晶莹的翡翠，近岸浅绿，绿得像清晨刚摘下的挂着露珠的青苹果，水深处湛蓝，蓝得像大海。

春秋两季最可爱。岸柳成行，芦苇洁白似雪，木头水车"哗啦啦"溅起水花，风车缓缓转动细长翅膀。湖岸线那么长那么曲折，走到哪里，手机随便一拍就是一张风景画。到处是野营帐篷，像一朵朵圆圆的大蘑菇，游客们坐在草地上弹吉他，或者在两棵树之间栓一张吊床，懒洋洋躺在吊床上晒太阳。有的带着小篮子挖荠菜和马兰头，小孩子跑来跑去尖声欢叫，捉蜻蜓逮蚂蚱。风筝满天飞。

夜晚另有一番景致。夜幕降临,阳澄湖似乎比白天更大了,幽邃、神秘,几点渔火明明灭灭,满天星星摇摇晃晃,几条小木船吱吱呀呀,鱼儿扑通一声跃出水面,白色肚皮闪过一道银光又倏地逃回水底。"醒时宛如天在水,满船清梦压星河。"远离了红尘喧嚣,阳澄湖的夜,辽阔又缥缈,诗意又真实。

都说苏州是人间天堂,逛罢拙政园、沧浪亭与山塘街,听过昆曲与评弹,然后,到消泾走一走吧,会别有一番滋味在心头,给自己的苏州行画上圆满的句号。

泗泾老街的烟火气

顾毓虹

每一个水乡小镇都有一条老街。而老街无一例外都是沿河而建的，泗泾老街也是如此。

三十年前，那条老街是有烟火气的。说是街，实际也就像一条狭长的弄堂，一米左右的宽度。

石子铺成的地面被行人的鞋底磨得光滑油亮，晨光或者夕阳里，也总能泛起一片青灰色清冷的光。

可街上是热闹的。横贯南北的狭窄街道上，来往着各式各样的行人。临街的铺子林林总总，理发店、小卖部、裁缝铺、弹棉花的、卖面条的、茶馆等，与人们生活息息相关的铺子都能在街上找到。

大概率你是无法在老街碰见戴望舒笔下的那种"丁香姑娘"的，多的却是挎着自制花布书包风一样走过的学生，以及挑着担子走街串巷的农妇、农夫。无论是萝卜、白菜或者毛豆、玉米，都能在他们挑着的箩筐里见到。随着他们带着余韵的悠长的吆喝声，"阿要买菜诶——"，家庭主妇们就会招呼着他们过来挑挑选选。而每一个卖菜的箩筐里也会装着一把带秤砣的老式杆秤，每次上秤时，卖家也会让买家看上一眼秤杆的刻度，以示诚信。

这可能是最早的送菜上门的形式了，只是菜品种类无法和现在的网络买菜相比，可在买卖时的吴侬软语里多了一份乡邻般的温情。

一座石条搭起来的桥叫作阜安桥，连接着南街和北街。石条有些年岁了，依然很结实。路过它的行人很多，有行色匆匆的，有闲庭信步的，有火急火燎的。

生活嘛，就是如此，阜安桥架了那么多年依旧四平八稳，再大的事儿天也不会塌下来，有什么可慌的呢？

小镇居民从容地、慢悠悠地过着他们的日子。

阜安桥下有两家商店，最惹眼的就是一家进门就能看到蜜饯的店铺，浸在绿油油蜜汁里的青色梅子，"牛屎饼"（实际上是山楂甘草饼），以及赤豆棒冰，往往是孩子们难以抵挡的诱惑。

走过阜安桥不远，就能闻到北街飘过来的一阵葱香！

因为那里有一家卖大饼油条的铺子，葱香自然就是大饼发出来的。当然，那肯定是抹了猪油的咸味大饼。撒了糖的甜大饼是不撒葱花的。油条、大饼，以及苏州人说的"馒头"（实际就是包子），能解决不少人的早饭问题。然而更多人是喜欢在家里喝上一碗热腾腾的"米烧粥"的。如果有粥、油条、大饼，那便是早饭的绝配了。

不过最令人垂涎欲滴的是煨山芋。在灶膛里扔几颗黄心山芋，借着烧饭烧菜的余火煨熟，不一会儿就四处飘香。大灶头用柴火、稻草烧出来的饭特别香，煨出来的山芋特别美味，做早饭、做点心、做零食都是极好的。

对于家里不太宽敞的人家来说，煤炉是一种实用的灶具。那时候在清晨的老街，时不时能看到一阵阵袅袅的烟雾升腾起来，顺着风向，左飘右晃，生炉子的人不停地摇着一把破旧蒲扇。新的蒲扇可是夏天要用来纳凉的，才舍不得去伺候煤炉。

沿着北街一路步行到尽头，有两家面店，说是面店，其实也卖馄饨。靠西的那家临河，有小馄饨卖。所谓的小馄饨就是一张很薄的面皮子，里面夹一点点肉，很小很小的一块。尽管肉很少，可是滋味却相当不错。一大早熬出来的鸡汤，撒上黄色的蛋丝、碧绿的葱花，甚至还有些许颜色微红的小虾米，煞是好看！一口下去更是满嘴的鲜美，这样一碗色香味俱全的小馄饨，最早的时候只要5毛钱。坐在靠河的桌边，望着清澈的河水荡漾起明晃晃的绿波，尝着一口一个的小馄饨，耳边传来油锅里炸熏鱼的"滋滋"声、锅碗瓢盆"叮当"的碰撞声，别提多惬意了。

老街的生活就是柴米油盐，混杂着各种味道、各种声音，让你笃定地觉得这日子会一如既往，明天以及明天的明天都会如此细水长流，像清风总会年复一年地拂过岸边的树叶，阳光总会日复一日地温暖这片水乡的土地。

只是时间不停地流逝，那些无忧无虑的孩子总要长大，离开老街去往更广阔的天地闯荡，而那些曾经年轻的男人、女人也无法避免青丝成雪、两鬓斑白、皱纹满面。那时候谁也没有预料到，后来卖大饼的店会搬迁，卖馄饨的也会换了地方，土灶头慢慢地被淘汰，煤炉也渐渐地没落，老街的人烟一年比一年稀少，甚至从南走到北，只能偶尔碰见一个还留守在那里的住户，说上几句有关当年的亲切话，顿时熟悉的画面从脑海中排山倒海而来。

世事的变迁往往让人措手不及。可留在记忆中的老街的烟火气却始终能在人疲惫、失意、无奈、沮丧的时候，给远行的游子一点慰藉与温暖，让人想起生活在那里时对未来曾经拥有的希望，想起奔向远方前曾经怀揣的梦想与力量。于是心便安静下来：老街还健在，路也还在脚下！

湘城老街，抹不去的乡愁

严佳明

1963年起，开始市镇建设，开发鸬鹚溇，建湘城大桥，接通镇南街。1971年，拓宽市河，改建济民桥为水泥拱桥，更名团结桥，发展水路交通。1981年9月，湘城至苏州的公路通车。1982—1985年，湘油（油泾，今称阳澄湖镇）、湘陆（陆巷，后延伸到常熟沙家浜镇）、湘渭（渭塘镇）公路相继通车。1988年，在古镇之西，开辟长760米，宽12米的新西街（今名湘园路），同时又开辟城中路（南北向），与湘园路交成"十"字形，全长680米，宽15米。1991—1997年，又从城中路的北端，向西建虹桥路，全长720米，宽25米，同湘园路平行，西端与湘园路环通，形成新镇区。（《湘城镇志》）

曾经，我们的日子过得单调而贫乏，我们渴望着"四化"早点到来；而今，我们处于城市化的环境中，看着一些老街、古镇慢慢消失，内心却有了一种难以言说的恐慌。

我的家乡原先叫湘城镇，后与油泾镇合并为阳澄湖镇。虽然现在湘城镇的称呼不复存在了，但湘城老街还在。

沿着《湘城镇志》中所说的这条"新西街"向东走到尽头，就到了湘城老街。

这条老街是何时建造的？住在这边的居民不知道是东汉还是西汉，是南朝还是北朝，只说"从前""先前""很久以前"——若要寻根问底，可能真的要到盘古开天地那会儿了。

湘城老街的东侧，枕着一条宽阔的河道——济民塘，河水静静地流淌，从古至今，犹如诗人在吟哦。清澈的河道，发挥着运输的作用，更哺育和滋润了镇上的人们。

商铺临水成街，人家枕河而眠，小桥、流水、人家，风貌古韵依旧。老街这种"水路并行，河街相邻"的格局，代表着苏州水乡古镇、老街的特点，把苏州水乡的清隽和幽雅淋漓尽致地展现了出来。

如果赶早市，旭日的金光洒在河面上，河面又把金光泼洒到行人身上、脸上。最妙莫过如此：临河人家"吱呀"一声推开紧闭了一宿的门，再有一个姑娘款款走下石阶，前往河边浣洗衣物……呵，好一幅"小桥、流水、人家"图！

"君到姑苏见，人家尽枕河。古宫闲地少，水港小桥多。"只有置身这样的老街古镇，才能体味出唐代诗人杜荀鹤诗的韵味。

老街不长，虽然只有数百米，但是街道景色别致，古朴有致的条石一块挨着一块镶嵌着，从街的这一边一直连到街的那一边。走在这些条石板上，如同走在时间的格子上，这样的时光，都悠然消失在白墙黑瓦下。走在老街上，风干的记忆瞬间被唤醒，即便不能碰到戴望舒笔下的丁香姑娘，也可以捕捉到锁在老街深处、已经远去了的旧时光。

徘徊在老街上，近距离感受老街那浓浓的韵味，呼吸着老街散发出的味道，顿时有一种超凡脱俗的逸致和风韵袭上心头。

你看，坐在街边乘凉、颐养天年的老先生，在谈笑声中感悟着朴实生活的优雅。

你看，倚靠在临街堂屋门槛边，飞针走线纳鞋底的老阿姨，把中国女性的勤劳善良和温柔贤淑的形象演绎得入木三分。

你看，在屋檐下玩着躲猫猫、打弹珠的孩童，那画面勾起了自己对天真烂漫美好童年的追忆。

你看，祖母挽着小孙子蹒跚学步的样子，再听到几声小孩突然的哭闹声，那是祖辈对孙辈的一片关爱，老街越发显得静谧和闲适。

你看，街头充满回忆感的理发店还在接待客人，店门前的煤炉还在烧水。

……

驻足留意老街上的一景一幕，有一种淳朴和宁静的惬意在心底慢慢地升起，顿时使疲惫的身心得到片刻的放松。

老街上那青砖的旧房，陈旧的木门板，门窗上的漆大多已经斑驳脱落，但依稀能分辨出先前的颜色，锈蚀的门把手似乎还残留着祖辈掌心的温度，还有墙角的青苔、石缝和砖缝间的杂草……这些印记无不在诉说着过往岁月的繁华。

少年时代的我，有时上学从老街经过，有时节假日到镇上购物，在老街上看到了和听到了许多事，增长了许多见识。现在回想起来，这既像是一支清远的竹笛，吹奏出来的乐曲韵味悠扬而深远；又像一坛陈年的老酒，经过多年埋藏后把醇正的清香透出来……

没有闹市的浮华，沧桑的湘城老街，古风犹存，温润的青石板光影斑驳，我的思绪在朦胧中也渐行渐远。岁月静谧，流年无语，老街温和而又慈祥。不经意间的一次闲逛，让我再一次领略了这片地域的文化底蕴。

我心清如阳澄湖水

——记高守耕泖泾"束身自劢"

严佳明

阳澄湖镇的泖泾，古称淀泾，因地势平坦，气候温和，水资源丰富，素称"鱼米之乡"。地理位置虽然偏僻，但因地沃水秀，物产富饶，民风淳朴，历代便多有文人雅士到此隐逸，归居湖畔。明代的高守耕就是其中具有代表性的一位。

身处泖泾老街，不论是走在青石板路上，还是穿行在幽深的巷道中，抑或是伫立于石桥上，内心都能感受到水乡的古朴自然和恬静诗意。因为，走在老街上，看着旁边老房子那斑驳的墙面和墙角的青苔，耳畔仿佛就能听到老街曾经的岁月。

沿着泖泾南街的阜安寺穿过阜安桥，便来到北街。南街和北街以阜安桥为界，明代文人高守耕在嘉靖年间来此隐居，因其居住在北街，被称为"北高"。关于高守耕，民国《相城小志》载：

> 高守耕，轶其字，好读书，背诵如流。恣情曲部，放浪湖山。颀如戟，未得一衿，豁如也。嘉靖间，隐于吴门东郊四十里曰泖泾，土墙半壁，瘠田一顷，黄冠草屦，率子妇躬耕，暇则于春秋佳日置酒肃客，赋诗啸歌以自乐。士大夫踵门，或谢不纳，故其誉不出于吴下。守耕籍隶海盐，库藏产业可垺公卿，悉屏弗取，独来萧条寂寞之乡，可谓有道之士矣。林文忠则徐为赞，赞曰：守耕先生，自越来吴，持家以俭，束身自劢，非高不仕，非

慕岩居，孝友裕后，惟怀永图。

清楚了高守耕归隐田园的事迹，我们来到这条老街，不仅能放空自己，去享受那份"小桥、流水、人家"的水乡雅致，而且能随景物一起了解承载着当地人的记忆——老街是藏在旧时光里无法忘却的情怀。

在如诗如画的新时代岁月里，我们在老街品味着生活，感悟着人生，也淡看物是人非。大千世界，每个人的生活都不一样，人生各不相同，如此才有了世界的精彩。试问，像高守耕这样心境的人又有几个呢？

诸葛亮有言："夫君子之行，静以修身，俭以养德，非淡泊无以明志，非宁静无以致远。"能够在乡野安定下来，过与世无争的日子，所得和所不得皆是美好，有所为和有所不为都是收获，内心明澈，方能追求更好的人生境界。

"采菊东篱下，悠然见南山。"如此富有哲理的诗句，用来形容高守耕再贴合不过。他归隐的目的远不止"采菊"和"观山"那样简单。世间的隐者，大隐于朝，小隐于野，高守耕之隐，显然两种形式兼而有之。仔细阅读《相城小志》上关于他的记载，我们不难看出，他不仅看破万事，率真地披露心灵感受，还觉得隐逸是高尚之举，因为他选择这种生存状态，连带着活出了难得的价值观。他不与世俗为伍，更坦陈心迹，温柔敦厚地记录了自己原始生命的体验，唤醒了聪颖快乐的天性。他既表里相持，又安道若节，那状态是田园生活，心境则是"躬耕""置酒""赋诗""啸歌"——在他眼里，这些统统象征着隐逸，他的心灵时刻浸润于"无我之境"。高守耕的内心境界连林则徐也不禁大赞。

或许，归隐在偏僻之处后，内心是寂寞的，然而李白在《将进酒》中说"古来圣贤皆寂寞"，圣贤之所以会寂寞，因为他们志存高远，淡泊名利。这些，都是他们彻悟人生意义后的选择。

"宁静致远，淡泊明志""采菊东篱下，悠然见南山"中尽显归隐的悠然，今日重温高守耕在浏泾"束身自劬"的隐居生活，我们才能真正知道淡泊方能明志。因为看淡名利，在隐市中求知与探索人生的真谛，在名利面前保持心境平和、宁静，才能实现人生的意义，才能赢得世人的称赞。

荻溪老街印象

张学琴

　　在苏州这个"鱼米之乡"，有一条名为"荻溪"的古老街道，它就坐落在苏州市相城区美丽的阳澄湖畔。其历史悠久，独特的地理环境印证了那一句话：一方水土养育一方人。这片土地上生活着一代代勤劳、智慧的人们，他们在这一片土地生息繁衍，焕发出勃勃生机。而荻溪老街也像其他老街一样，傍水而建，村居粉墙黛瓦，独具江南特色。它也因其密集的河流网络，使得人们过上了"靠山吃山，靠水吃水"的生活。登高远眺，稻田阡陌纵横，果园枝头硕果累累。河里水产丰富，鱼虾肥美，螃蟹鲜甜，丰富的物产，使得人们在此安居乐业。这惬意风光、舒适的生活圈，完全可以用"俏江南"来诠释。这里不仅是稻谷丰产的宝藏之地，也是中国古代农业文明的重要发源地之一。

　　据说，荻溪这个村庄起源于南宋时期，那时的太尉王皋选择在这里定居，随着岁月的变迁，这里逐步演变成了一个繁荣的市集。到了明清时代，荻溪已发展成为一个人民富裕、人丁兴旺的集镇。

　　因为我经常参加太平小院的读书活动，所以与荻溪老街有着很深的渊源，也对它有着深深的眷恋之情。当路过几百年的古银杏树，你也会像我这样被它的生机勃勃所震撼，因为它不仅枝繁叶茂，而且树干粗壮、挺拔笔直。金秋的风吹过，这棵百年银杏树已孕育出无数的银杏果，让人不禁感叹生命无穷的力量。接着，就可以步行穿过那一座古老的石拱桥——太平桥。这是一座典型的江南石桥，石板上那小小的坑洼，尽显岁月的沧桑。虽然桥的坡度比较大，但一点都不影响人们登上太平桥欣赏风景。如果这时你驻足桥上，观看眼前的景色，你会感受到西边云蒸霞蔚的壮观，波光粼粼的湖面散落着金色的光，而湖面上徐徐而来的风会轻柔地拂过你的脸庞。

一路向南而行，右拐就能到达临水而建的太平小院。这个小院清幽宁静，灯光柔和，适合静心阅读。一踏入小院，满院的书架，书香气息扑面而来，一种令人放松、身心舒适的感觉油然而生。在小院的外围眺望远方，就能看到让人印象深刻的荻溪粮仓旧址。它是明清时期建造的，粮仓的形状宛如蒙古包，敦实地矗立着，威严又可爱。斑驳的外墙经历过岁月的洗礼，圆屋顶的砖瓦设计符合江南多雨的气候。不论多少年过去，小镇的人们还是那么坚定地守护着它，仿佛诉说着守卫一方平安的故事。远观那一排庄重宏伟的荻溪粮仓，仿如一个个蓄势待发的战士，在曾经的风雨里守卫着小镇人们的粮食，在那个粮食短缺的年代里带给人们踏实的感受与明日的希望。

如果你想了解更多的荻溪历史，可以移步到荻溪文史馆。在这里，你不仅可以欣赏到荻溪的历史变化和老街各个阶段的发展，而且可以见到丰富的文物收藏。一踏入古香古色的文史馆，你就会看到一幅繁荣的老街画卷，这是文史馆的镇馆之宝。它所呈现的是太平老街繁荣的景象，精致的笔触勾勒出老街的每个细节，熙攘的人群、琳琅满目的商品，生动地描绘着一个个真实的生活场景。游人随着木质结构的楼梯上楼，就可以到第二层参观。在这一层，不仅可以看到当时江南农耕的各式各样的农具，而且会看到平日里人们生活中的日常用品。它们不仅编制精美，而且设计巧妙，每一份老物件都蕴含着劳动人民的智慧。参观完毕，既领略了荻溪老街的发展史，也体会到了江南人们的智慧。

如今的荻溪，是古老智慧与现代技术的共同载体。不仅有那勤劳致富的"领头羊"，而且还有为了保护文化而不断传承的手艺人。人们一代代在这条老街上繁衍生息，生活的幸福美好都是他们靠勤劳的双手奋斗出来的。在这个文化底蕴深厚的故乡，每一面墙、每一棵树都是艰苦奋斗的生活缩影。一方面，我们可以看到荻溪的老建筑，它们都已经历经了半个世纪的洗礼，吸引着中青年人在此寻访古城的秘密，寻找那一份独属的江南记忆。而另一方面，荻溪老街也正焕发着属于它自己的又一次青春。

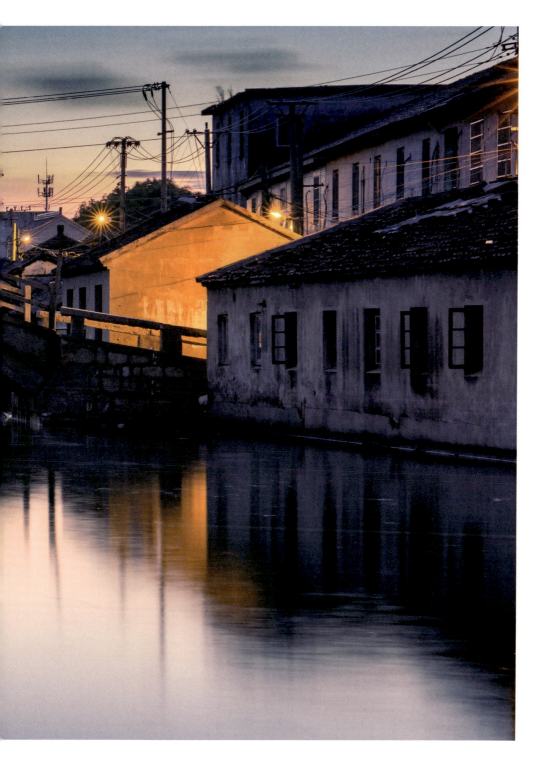

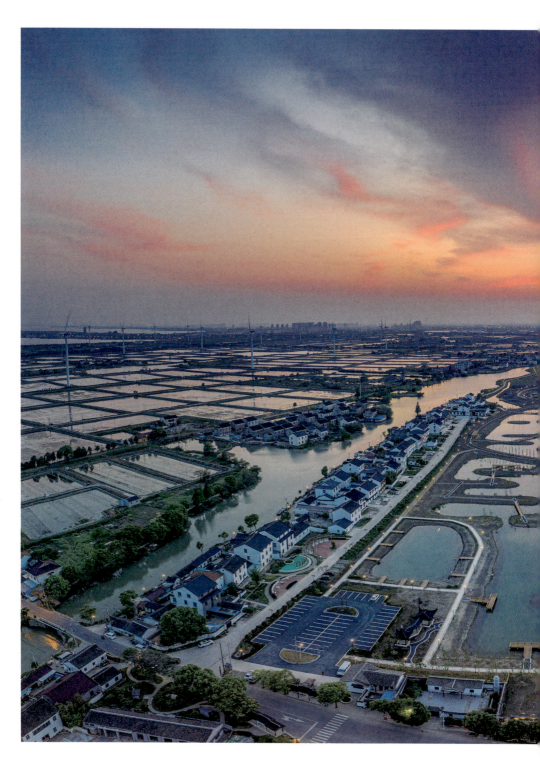

附录：光阴里的老街

黄埭老街

黄埭老街呈一字长蛇形，全长1372米，分为东街与西街，"黄埭十八景"就分布在老街上。老街在清代时期雏形初现，至民国时期，人丁兴旺，店铺林立，其中以手工业、米业、茶业为主，肉铺、饮食、棉布、酱油业为辅。

陆巷老街

阳澄湖镇陆巷老街，长550米，宽2米，略显幽深。陆巷老街为弹石路面，两边房屋石阶缝中苔痕浅浅。济民塘流经陆巷段河称"陆巷塘"；沿陆巷塘北岸所建民居、店铺相连，称"下街"；与之相对的称"上街"。老街尽头有条河，河上有座桥，过了桥，便是常熟沙家浜。

湘城老街

湘城老街长1190米，由中行、河东、河西三条街构成。有史料记载，河东街形成于春秋中后期，中行街与河西街形成于晋代，宋代形成规模集镇，明代进入全盛期。街南端1号的文昌阁、2号"老典当"旧址、78号姚文微宅均为清末建筑，这些充满时代沧桑感的老建筑，受到重点保护，正散发着独特的历史魅力。

消泾老街

消泾地处原吴县、常熟、昆山三地交界处，距阳澄湖仅500米，是水上交通要枢、著名的抗日根据地。目前还保留阳澄湖地区抗日斗争史迹陈列馆、抗日战斗英雄纪念碑等建筑，是京剧"沙家浜"及人物"阿庆嫂"的原型素材之一。

太平老街

太平老街，形成于明清，明代时称"荻溪"，后因清光绪十九年（1893）重建太平桥而得名"太平"。太平老街南有太平桥，北有利民桥，由太平街、南浜（街）、九思街和北浜南、北岸（街）组成。街上两侧的王家、邢家、华家等古宅至今仍在。抗战初的中共苏州县（工）委、"江抗"收编胡部谈判等革命旧址成为太平街道历史文化的闪光点。北浜北岸太平禅寺前的千年古银杏、太平素面馆、获溪仓已成为网红打卡地。

陆慕老街

陆慕老街，被称作"苏州古代漕运第一站"，是苏州城北齐门外最大的一条千年古街。

陆慕老街位于原陆慕镇区，南北走向，南起宋泾桥、北至北桥，全长近2千米，街宽2—3米不等，以碎石铺就。陆慕老街历史悠久，唐永贞元年（805），因宰相陆赟墓址在下塘塔莲桥北塊，始有"陆墓"（1993年后改称陆慕）之称。

陆慕老街以元和塘为中轴线，老街东为上塘，曾有十口古井，故称"十泉街"。老街西为下塘，其北部被称为"金窑街"，因明清时期烧制金砖得名。

溇泾老街

溇泾老街包括南北方向的直街和东西方向的横街。狭窄的街道两旁是店铺和民房，蠡塘河（南、北）、内塘河、白塊泾和柴米港五条小泾汇集此处，因此又称"五溇泾""五龙泾"。

跨越在五条河道上的古桥原来有很多，但如今只保留下两座古桥，一是含秀桥，另一是福昌桥。而还有一座最大的安宁桥在蠡塘河上，原来也是一座石砌拱桥，但因为河面被拓阔，只能拆除旧桥，重建了一座跨度很大的水泥桥。

北桥老街

北桥老街分东街、西街、横街，面积约40000平方米。东街内包含20世纪七八十年代的供销社商店、老茶馆、铁匠店、点心店、理发店等；西街内包含20世纪七八十年代的老旅社、面店、馄饨店、理发店等；横街内包含了以前的生产资料部商店。

渭塘老街

渭塘因渭泾塘河而得名，旧称圩泾塘。塘河东西向，西起元和塘，东连济民塘，全长11.3千米，河宽30米，为相城区二级航道。古时交通多以舟楫为主，来往船只傍岸歇息是常事。清光绪四年（1878）始有人在此设摊经商，几十年后形成一条东起黄家大院、西至中浜桥的原始街道，全长300余米，街宽3—4米不等，弹石铺路，商铺傍河而建，南北对门，前店后宅。有南北杂货店、苎麻店、茶馆店、布店、点心店、鱼行、肉店、豆腐店、铁匠铺、中西医诊所、中药店、檐行等50余家商铺，是江南典型的一个小集市、水乡的一个小驿站。

望亭老街

清末民国初，古镇才在古问渡桥（南望亭桥）两侧沿运河渐渐兴起、繁荣。上塘街（注：望亭运河西称上塘，运河东称下塘）位于集镇中部，古问渡桥堍两侧，依大运河而建。上塘街为古镇缩影。老街南北向，南起现望亭南桥北，北至仕莫泾桥，全长600余米。路面铺设金山石片，沿河筑有石驳岸。街道以古问渡桥堍为界，分为南北两部分。

蠡口老街

蠡口老街南起猛将堂，北止观音堂，东为苏常公路，西靠元和塘。始建于清代中叶。原街分为南、中、北三部分，全长约1500米，有朱家桥、干煞桥、蠡塘桥衔接相连。南北两头沿街开设店铺，为商贸集中之地；中街主要是居民住户。整个老街，由南而北，呈"一"字扁担形，街道宽度不足3米。

沺泾老街

沺泾老街位于阳澄湖镇，西南距苏州市中心约22千米。沺泾，得名于明末，建镇于清初。老街规模有限，现存民居多为民国和新中国成立初期之建筑。虽然古建筑遗存不多，但格局基本完整。从大街上朝西，走到沺泾河边，从南至北，以阜安桥为中心，有南街和北街之分。油泾老街兴盛于清代后叶，南起阜安桥南堍，北至油泾港北，长250米，宽2米，路面均由小石块铺成。

东桥老街

东桥老街为南北一条街。东蠡桥往北至大场郎区域称为河北街，全长250米，街宽12米，东蠡桥往南至文化街区域称为河南街，全长350米，宽12米，东桥老街民国时就有各类私营商店102家，还有无数摊贩云集于此。

南桥老街

北宋时期，国势兴衰及京师、边地物资供应，均悬系于运河。南方的钱粮通过京杭大运河源源不断汇入京师，冶长泾也由此成为苏州城北的漕运要塞。当地民众见常有不少客船往来，便提篮设摊，售卖农家自制的糕团点心或鸡蛋、鱼虾、蔬菜等。久而久之，有实力的农户便在河岸边建造房屋，开设各种店铺。一时间，冶长泾畔村民依水而居，众多渡口落成，商贸活动频繁，人来人往，景象繁荣。至清代后叶，南货店、小百货店、鱼行、肉店、点心店、饭店、茶馆等相继开设，当地人和过路客汇集于此，形成了苏州齐门外有名的小集镇之一——南桥老街。这座小集镇的繁华，也一直持续到了20世纪80年代。

洋泾塘

洋泾塘古为官塘。《姑苏志》载："出齐门塘为杨泾。"从大洋泾桥至陆墓寺庄庙的一段塘岸为洋泾塘，长约3里，河宽4丈有奇。据《苏州府志》记载，唐宪宗元和三年（808），苏州刺史李素（字人原，陇西人）开浚自齐门外北至常熟的河道，因名元和塘，洋泾塘则是元和塘的一段。历经宋、明、清，几度兴废修建。新中国成立前后，这里仍是花岗石驳塘岸，连接陆慕十泉街南梢。临河有花岗石柱，高1米多，横嵌石栏长约2米。花岗石碎石铺设路面。除行人以外，这里还是航船的纤道。

北雪泾

北雪泾位于渭塘镇政府驻地东北4.5千米处。街东有建于明朝洪武二年（1369）的城隍庙。清后期形成集市，民国时期曾为雪泾乡乡公所。街镇上有长26米、宽3米的平板石桥1座，取名"万安桥"。有南北货店、中药铺、中医门诊所、肉店、理发店、茶馆店和黑白铁匠坊共10家。1951年店铺逐渐关门，1958年已无店铺。

凤凰泾

凤凰泾位于渭塘镇北与常熟市交界处。西挨苏常公路（205省道）、苏虞运河，南距镇政府驻地3.5千米，为苏虞运河七十二泾之一。民国二十年（1931）曾是凤凰泾乡乡公所所在地。1950年3月，属新雪乡，1957年起属渭塘镇（乡、公社），现为凤凰泾村村民委员会驻地。

娄子头

娄子头位于渭塘镇政府驻地东南5千米的拾联村。民国期间沿永昌泾河形成一条不满百米长的街，街前河边有2座船舫，专供前来赶集的顾客停靠船只。街上有南北货店、肉摊、鱼摊、点心店、茶馆、理发店、中药铺、铁匠铺等商铺10多家。20世纪70年代初，队办企业兴起，街道废弃。

洋端头

洋端头原名羊䈴头。位于渭塘镇政府驻地东北5.2千米处。民国二十年（1931）曾是羊䈴乡乡公所所在地，1950年3月，属秧河乡，1957年起归渭塘镇（乡、公社），现为洋端村村民委员会驻地。集镇街道东西向沿河，长约80米左右。开设有南货店、理发店、茶馆店、米行、肉店、中药铺、点心店、铁匠铺等。

刘家浜

刘家浜又名刘家门前（刘新村），位于渭塘镇政府东北5.8千米处。1946年，刘子谦在刘珏"寄园"废墟上开了爿戏馆，便有人在此开店经商。时有天一饭店、点心店、大饼油条店、茶馆店、南北货店、杂货店、理发店、轧棉花弹棉花店、肉店、鱼摊等17爿。街东西长150米左右，南北宽约60米。附近圩东、保圩、场角、雪泾、刘新等自然村村民到此赶集、看戏。1953年戏馆拆除，小集镇消失。

光阴里——流传着故事的村庄

目　录

苏相合作区（漕湖街道）

永昌村 …………………………………………… 2

相城高新区（元和街道）

蠡口社区 ………………………………………… 5
御窑社区 ………………………………………… 6

度假区（阳澄湖镇）

北前村 …………………………………………… 9
清水村 …………………………………………… 10
莲花村 …………………………………………… 12
消泾村 …………………………………………… 15

黄埭镇

埭川社区 ………………………………………… 16
东新社区 ………………………………………… 19
冯梦龙村 ………………………………………… 20
胡桥村 …………………………………………… 23
青龙社区 ………………………………………… 24
三埂村 …………………………………………… 27
旺庄村 …………………………………………… 28

西桥村……………………………………………………… 31

渭塘镇

凤凰泾村…………………………………………………… 32

凤阳村……………………………………………………… 35

盛泽荡村…………………………………………………… 36

渭南村……………………………………………………… 38

渭北村……………………………………………………… 40

渭西村……………………………………………………… 43

骑河村……………………………………………………… 44

西湖村……………………………………………………… 47

望亭镇

宅基村旧宅浜里…………………………………………… 48

南河港村…………………………………………………… 50

仁巷………………………………………………………… 53

下圩田……………………………………………………… 54

黄桥街道

北庄村……………………………………………………… 57

北桥街道

莲花庄社区………………………………………………… 58

鹅东村……………………………………………………… 60

灵峰村……………………………………………………… 62

石桥村……………………………………………………… 65

永昌村

永昌村位于漕湖大厦西侧,距大厦约3千米,因有永昌古镇而得名。东接倪汇村,西连下堡村,南傍湖林村,北靠漕湖,规划总面积2平方千米。永昌泾大河横穿永昌村东西,水路交通极其方便,村内稻田水网资源丰富,村民大部分拆迁安置在漕湖花园二社区,其他安置在漕湖街道其他小区及黄埭部分社区。永昌地区历史悠久,两晋时已有人繁衍生活于此,商市兴旺,文物颇多。2005年和2009年两次获得"村民自治模范村"称号,2020年被评为苏州市乡村社会治理先进集体,2021年被评为江苏省文明村。

截至2010年10月,永昌村共有村民762户,2803人。

蠡口社区

蠡口社区原名唐家社区，社区东起采莲路，西至元和塘，南邻安元路，北至蠡塘河，辖区面积1.88平方千米。社区办公地址在蠡中路58号元和公园，社区建立了一站式服务大厅、卫生服务中心、日间照料中心、未成年人活动中心、百米文化长廊、健身场、书场、和电子阅览室等便民利民服务设施。

目前区域内民房部分已经拆迁，居民主要安置在蠡澄花园和澄帆嘉园。辖区内元和高新制造产业园内28家企业正常经。蠡口社区现有7个网格。蠡口社区党委下设3个支部，现有党员157名、党支班子6人、居委会班子6个，其中交叉任职3人。

社区先后被评为江苏省民主法治示范社区、相城区法治文化阵地建设示范点、苏州市廉洁文化建设示范点、苏州市"晚霞生辉"活动先进集体、苏州先锋村、苏州市2020年度"扫黄打非"进基层优秀站点。

御窑社区

御窑社区由原6个行政村应规划合并而成，2005年撤村建社区，2014年原下塘社区并入御窑社区。社区东起元和塘，西至人民路，南起姑苏交界处，北至阳澄湖西路，辖区面积3.43平方千米。社区党委下设6个党支部，现有党员254名。

社区党委将"以人为本、以民为先、全心服务，共筑和谐社会"作为工作目标，弘扬御窑特色文化品牌，创新"五色工作法"，将5种颜色、6个支部、7个网格整合成五色党建网格，各支部书记充分发挥自身特长及职能优势，打造特色分明的网格支部，针对居民个性化需求，推行特色行动，切实做到"支部在行动，行之有实效"。

社区先后获得国家防震减灾示范社区、江苏省文明社区、江苏省民主法治示范社区、苏州市先锋村、苏州市健康社区、苏州市廉洁文化示范点、苏州市敬老文明号、苏州市四星级村（社区）综合文化服务中心等荣誉称号。

北前村

　　北前村地处阳澄湖镇东北部，东南与消泾、车渡两村相邻，连通昆山，西与圣堂、十图两村接壤，北与常熟交界，辖区面积4.3平方千米。村内拥有蟹池1409亩，共有企业17家，主要以生产各类手套为主，被称为"手套村"。村内有两座抗日时期遗留的碉堡——东塘碉堡和外塘碉堡，是探寻红色文化、弘扬爱国精神的教育基地。北前村近年来通过精心组织开展特色康居示范区建设、农村人居环境整治提升等系列工作，持续改善农村生产生活条件，乡村面貌大变样。村庄道路硬化，绿树成荫，两面环水，展现出美丽乡村现实模样，绘就了一幅可观可感的田园新画卷。

　　截至2024年7月，北前村有村民173户，677人。

清水村

  清水村坐落于阳澄湖镇东南部、"美人腿"半岛之上，南接苏州工业园区，东西两侧为阳澄湖，产业以水产养殖、经销和餐饮旅游服务为主。清水村引进乡村旅游、非遗手作、创意设计等优质文旅项目，精心打造"本地游""周边游""乡村游"等短途游，丰富度假资源业态。利用地理优势大力建设"村上·湖舍"特色民宿、刘家庄手作村落、竹窠里特色田园乡村，并推动农家乐创新升

级。获评全国文明村、江苏省休闲农业精品村、江苏最美乡村、苏州市美丽乡村放心消费示范村等称号。

截至2024年7月，清水村有村民895户，3310人，外来人口约800人。

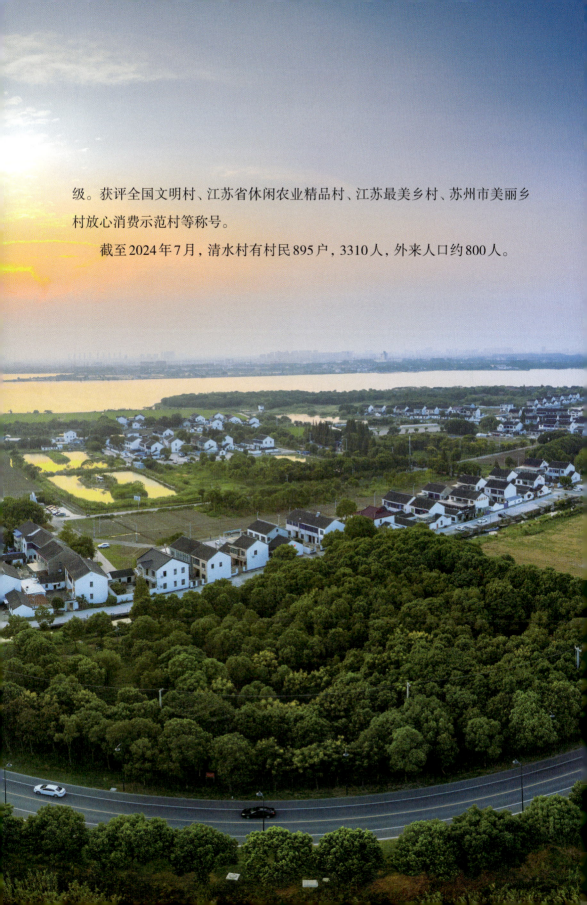

莲花村

莲花村又名莲花岛，隶属于相城区阳澄湖镇，形似一朵盛开的莲花，镶嵌在美丽的阳澄湖中，因此得名。莲花村四面环水，东与昆山巴城隔湖相望，西与阳澄湖镇美人腿半岛遥相辉映，南望苏州工业园区阳澄半岛，北与昆山接壤，地理位置优越。岛上家家以养蟹为业，养殖的阳澄湖大闸蟹闻名中外，打造出的"莲花牌"大闸蟹年销售额近亿元。同时，莲花村形成了集吃、住、游、乐、购于一体的产业服务链，正在发展成为度假休闲的胜地。先后被评为苏州市十大生态旅游乡村、江苏省四星级乡村旅游区、江苏省生态旅游示范区、华东十大油菜花观赏地、中国最美绿色生态旅游乡村。

截至2024年7月，莲花村有村民352户，1346人。

消泾村

消泾村位于镇区东北部，东邻昆山巴城，南依阳澄湖中湖，西至苏嘉杭高速，北接常熟沙家浜，以水产养殖和经销为主要产业，有高标准池塘3600亩，目前全村从事大闸蟹电子商务、大闸蟹养殖的有1436人，有电商企业100多家，淘宝店铺超千家。消泾村也是著名的抗日根据地，消泾村的石雪珍老人就是《沙家浜》中的"阿庆嫂"原型之一，村内现保留有"江抗"驻消泾办事处旧址（现阳澄湖江抗纪念馆）、洋澄县政府纪念碑两处红色遗迹。纪念馆和纪念碑被列为苏州市文物保护单位、苏州市爱国主义教育基地。

截至2024年7月，消泾村有村民280户，2278人，外来人口736人。

埭川社区

埭川社区成立于2004年10月，2019年5月与原春申社区合并，成立新的埭川社区，地址位于苏州市相城区黄埭镇中市路1号，区域面积为2.87平方千米。

埭川，是黄埭的古地名，更是老百姓心中黄埭的老街。一川越千年，一镇秀古今。黄埭的三里老街形成于三国时期。明末清初，这里百店琳琅，商业繁盛，是苏州西北重要的一个码头集镇，留下了"黄埭十八景"的美谈。老街上至今还保留了香花桥、熙馀草堂等文保单位和小桥流水人家的江南风貌。

埭川社区2019年度荣获最佳"金乡邻"志愿服务社区，2023年度新时代文明实践站获评区十佳优秀新时代文明实践站。

埭川社区现有户籍人口2279户，5353人，常住人口3600户，11000人，流动人口3672人。

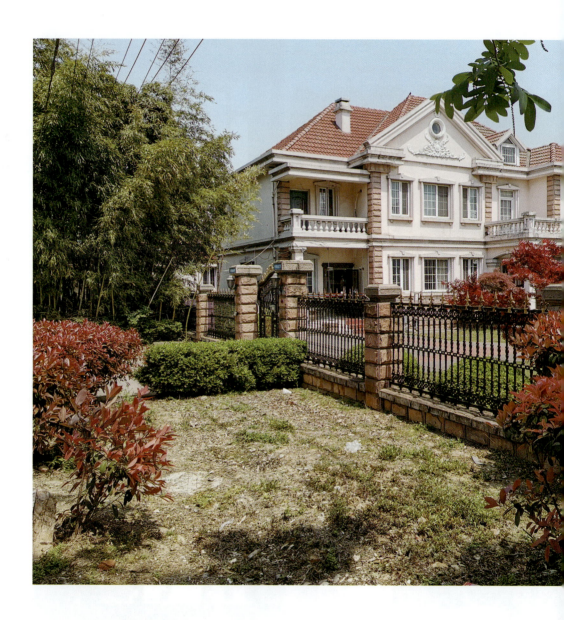

东新社区

东桥古称东蠡桥。相传，春秋时期，越国大夫范蠡携西施乘船至此（现西桥村），在一座小石桥塅经商，故后人称此桥为"范蠡桥"，又称此桥东1.5千米处另一座石拱桥为"东蠡桥"，经过千年发展形成东桥集镇。2006年东桥镇与黄埭镇合并为新的黄埭镇，东新社区地处黄埭镇东桥片区中心区域，辖区面积0.7平方千米，东至长旺路，南至望东路长康新村南，西至长和路，北至杨树园，属于综合性社区。

辖区内设有一站式服务大厅、阅览室、活动室、书画室、健身房、党员心声室、日间照料中心、东新书场等。有太极拳队、老年健身舞队、乒乓球队、书法队等多种文体组织。社区各项工作健康持续发展，取得了一些成绩，先后获得苏州市民主法治社区、充分就业社区、健康社区、相城区文明社区、示范社区、创建未成年人零犯罪试点单位、零家庭暴力社区、优秀社区家长学校等荣誉称号。

截至 2024 年 7 月，东新社区有户籍人口 2098 人，常住人口 5812 人，流动人口 7056 人。

冯梦龙村

　　冯梦龙村地处苏州北部,与无锡隔湖相望。全村总面积3.2平方千米,共19个自然村,685户村民,户籍人口2995人。近年来,冯梦龙村始终以习近平新时代中国特色社会主义思想为指导,紧紧围绕乡村振兴总目标,活化利用"冯梦龙"文化IP,深挖传统文化资源,提升基层公共文化服务,深化文旅融合

发展,助力乡村振兴。先后获评全国文明村、中国美丽休闲乡村、江苏省乡村旅游重点村、江苏省特色田园乡村、江苏省休闲农业精品村、江苏省卫生村、江苏省生态村、江苏省法治示范村、江苏省先进基层党组织、江苏省乡村振兴先进集体,被列入全国农村一二三产业融合发展先导区创建名单。

胡桥村

胡桥村位于黄埭镇西北，东临大寨河，西邻望亭镇，南至人民路，北与无锡交界。村域总面积为2.1平方千米。辖区内现有企业120多家，农田果园共计534.13亩，拆迁复耕地23亩。村内稻田资源丰富，获得2017—2019年度苏州市相城区文明村、2020年苏州市农村人居环境整治工作示范村、2021年度生活垃圾分类示范村、2021年特色宜居乡村、2022年省健康镇村称号。胡桥村钥匙头巷获评2020年苏州市十佳美丽菜园。

截至2023年12月，胡桥村有村民518户，2030人，外来人口2000人。

青龙社区

　　"青龙"一名由当地青石桥、龙泾桥，取其首字合并组成。1960年初为青龙大队，1983年建黄埭乡青龙村村民委员会，先后与倪新村、西巷村合并。2013年，撤村建社区，成立青龙社区居民委员会。2019年与青阳社区合并为青龙社区，辖区总面积2.98平方千米。曾被评为江苏省民主法治示范村、江苏省卫生村、江苏省文明村、江苏省和谐社区建设示范社区。青龙社区作为涉农社区，土地较多，以打造新时代美丽乡村为契机，在北园上、南园上、潭家浜等地

打造高标准农田。社区文体团队众多，其中青龙群艺团的锡剧表演声名远播，青龙武术队成绩优异。青龙社区制造业发达，现有企业共119家，大部分为传统行业，以五金机械加工为主。入驻规上企业3家、高新技术企业3家。

　　截至2023年12月，青龙社区户籍人口1669户，6339人，常住人口约14000人。

三埂村

　　三埂村位于黄埭镇西，东接长康社区，南邻高新区浒关镇横锦村，西邻望亭镇新埂村，北与胡桥村为界。三埂村总面积5.49平方千米，现有发包农业耕地1800余亩，盛产稻米。

　　三埂村先后被评为2019年相城区好少年校外教育辅导站、2019年度相城区健康村、2020年江苏省民主法治示范村、2018—2020年度苏州市文明村、2021年相城区"枫桥式"村。

　　截至2024年6月，三埂村户籍人口共有4847人，常住人口2040人。

旺庄村

旺庄村位于黄埭镇西北，沪宁高速、绕城高速纵横贯穿其中，东靠西塘河，南邻东里河，西枕西桥村，北依望虞河，由原旺庄、古宫、高江、汤埂4个行政村合并而成。区域面积8.5平方千米，以绕城高速为界，分南、北两大块区域：南大片区为潘阳工业园，有领裕电子、天禄光科技、纽克斯、罗普斯金等360多家企业；北大片区是循环农业示范区，耕地面积约1000亩，现保留8个村民小组。现有村民1477户，5455人，常住人口约为9500人。

近年来，在全体村民的共同努力下，旺庄村先后获得了苏州市先进村、江苏省民主法治示范社区、苏州市健康村、苏州市农村人居环境整治提升工作示范村、苏州市特色田园乡村等荣誉称号。

西桥村

　　西桥村位于黄埭镇的西北部，东与旺庄村相连，南依东蠡河与胡桥村为界，西北靠望虞河与无锡市相望，全村总面积1.6平方千米。辖区内共有22个小组，8个自然村庄，农户453户，户籍人口1769人。村党总支下设3个党支部，现有党员56名。西桥村水稻资源丰富，另有鸡头米种植、葡萄种植、无花果采摘等特色农产品项目。近年来，西桥村先后获得江苏省卫生村、苏州市人居环境示范村、苏州市特色田园乡村等荣誉称号。

凤凰泾村

凤凰泾村位于苏州市渭塘镇北部,辖区总面积6.14平方千米。户籍人口1320户,5130人,常住人口6459人。

凤凰泾村人杰地灵,气候宜人,以打造新时代美丽乡村为契机,持续开展人居环境整治和文明城市创建,打造"宜居宜业宜游现代型村庄"。

凤凰泾村曾被评为苏州市农村人居环境整治工作示范村、苏州市智慧农村。凤凰泾村历史悠久,北雪泾寺香火甚旺;万安桥始建于明代洪武二年(1369),现为苏州市级文物保护单位;独具江南特色的紫薇文化园焕发出新的生机,见证了乡村发展历程。

凤阳村

　　凤阳村位于苏州市渭塘镇东北角，辖区总面积5.26平方千米，曾被评为江苏省卫生村、江苏省文明村、苏州市农村人居环境整治先进集体。村内交通便利，水域发达，G524国道、凤阳路、爱格豪路、钻石路等道路穿村而过。凤阳村以打造"水清岸绿、美丽村庄"为契机，对刘家门持续开展人居环境整治，对主干道路沿线环境进行提升，打造和谐、秀美、宜居家园。凤阳村是明代官吏、"吴门画派"先驱、沈周的老师刘珏的故里，村内设有刘珏文化馆，展示凤阳村独有的历史底蕴、乡土文化、民俗风情。

　　截至2024年7月，凤阳村户籍人口1245户，4271人，常住人口1300人。

盛泽荡村

"盛泽荡"的名称来源于东面的盛泽湖，古称尚泽湖。盛泽荡村位于苏州市相城区渭塘镇东，辖区总面积1.8平方千米。建有党群服务中心、网格党群服务站、"'相青春·思想+'部落"青少年活动阵地、"田肚浜·幸福家"妇女微家等阵地场所，为全村村民提供广阔的学习和活动空间。盛泽荡村东依盛泽湖，风光秀丽，建有68亩美丽菜园和150亩美丽果园，月季园、桂花园、万鸟林错落在村庄内。盛泽荡村聚力打造风飘香、鸟鸣嘤的宜居村庄，曾获得江苏省生态文明建设示范村、美丽家园省级示范点、苏州市特色康居村、苏州市"三清一改"亮点村等荣誉称号。

截至2024年5月，盛泽荡村有户籍人口550户，2375人，常住人口431人。

渭南村

　　渭南村位于苏州市相城区渭塘镇南侧,辖区总面积3平方千米,曾被评为江苏省民主法治示范村、江苏省文明村、苏州市农村人居环境整治示范村、苏州"两个率先先锋村"。村内田野密布,林木葱茏,阡陌纵横,芳草如茵。渭南村以别墅区环境治理作为重要抓手,持续提升人居环境面貌,打造渭南美丽乡村名片,在2023年相城区人居环境测评中位列第一。渭南村的铜器制作历史悠久,弘君堂铜器文化研究院致力于铜器制作技艺的传承与创新。

　　截至2024年7月,渭南村户籍人口516户,2234人,常住人口3231人。

渭北村

渭北村位于苏州市相城区渭塘镇中部，是一个城中村，村内主次干道贯穿四面八方，交通便捷，辖区总面积4.8平方千米。村内建有党群服务中心、图书阅览室、日间照料中心、暖蜂驿站等阵地场所，全方位打造"家门口"的服务"新领地"。村庄民居大多沿河而建，干净整洁、环境优美、民风淳朴，一面是繁华镇区，一面是市井烟火。近年来渭北村先后获得了江苏省卫生村、苏州市文明单位、苏州市双格示范村、苏州市文明村、苏州市先锋村等荣誉称号。

截至2024年5月，渭北村有户籍人口912户，4215人，常住人口4724人。

渭西村

渭西村位于苏州市相城区渭塘镇西部，辖区总面积3.88平方千米，曾被评为江苏省和谐社区建设示范村。渭西村交通便利，东临相城大道，西接御窑路，渭西路贯穿全村，建有公交站2个。

渭西村是一片有着光荣革命传统的红色土地，吴县第一个农村党支部就成立于渭西沈家巷。从"吴县第一村"到"相城第一村"，渭西村敢为人先，艰苦奋斗，一直走在富民强村的前列。渭西文化底蕴丰富，"相城十绝"中，渭塘珍珠、琴弓均起源于渭西村。

截至2024年7月，渭西村户籍人口1701户，6121人，常住人口5120人，村民代表56人。

骑河村

骑河村位于苏州市相城区渭塘镇东南角，辖区总面积4.4平方千米。村内交通便利，东临G524国道，澄阳路、朗力福大道穿村而过。骑河村以党建引领、服务为要，不断深化党建惠企行动。积极盘活村庄现有资源，推进复垦复种，种植小麦、玉米等优质农作物，探索优质发展新格局。

渭塘镇琴弓产业发展的"领头羊"位于骑河村，历代琴弓人用心钻研琴弓制作技艺，创意挖掘、活态传承"非遗"文化与传统工艺，展现了勇于创新的精神风貌。

骑河村先后获得江苏省卫生村、江苏省管理民主示范村、江苏省生态村、苏州市村级经济发展百强村、苏州市健康村等荣誉称号。

截至2024年5月，骑河村共有户籍人口877户，3075人。

西湖村

　　西湖村地处苏州市相城区渭塘镇东部，北面与风景秀丽的盛泽湖相邻。2003年，西湖村与原渔业村合并，现有9个自然小组，户籍人口2378人，共730户。全村设有1个二级网格（西湖村网格），1个三级网格（工业片区网格）。二级网格1000平方米的办公新址位于钻石家园5楼，内设便民服务站、新时代文明实践站、人大代表接待室、网格化服务管理中心、党员活动室、远程教育站点等，功能齐全。三级网格集中在工业区厂房内。

　　目前全村区域内民房已经全部搬迁，主要安置在翡翠家园、钻石家园及珍珠花园。工业片区网格涵盖75家企业。西湖村党总支下设5个支部，共有党员78名，党总支班子4人，村委会班子5人，其中交叉任职3人。

　　西湖村先后获得江苏省卫生村、相城区文明村等荣誉称号。

宅基村旧宅浜里

　　宅基村旧宅浜里西拥太湖，北邻望虞河，地理位置优越，生态环境优美，区位交通便利。特色田园乡村规划范围0.65平方千米，村民共计38户，人口为142人。旧宅浜里成功入选2022年度苏州市特色田园乡村（特色精品乡村），其打造的萌宠主题景观与北太湖自然风光相映成趣，以"美丽菜园"为特色塑

造田园风光、田园建筑、田园生活，让人漫步乡间小道时，感受"出门看花、开窗见绿"的自然风光。"小蜗茶社"是个休憩的好去处，让人远离城市喧嚣，品茶看湖光，忘记纷扰，体验慢生活，是现下难得的享受。

南河港村

南河港村因穿村而过的南河港河而得名，位于望亭镇北太湖旅游风景区核心地段，西邻太湖，南接高新区，规划总面积为0.144平方千米。村内非遗文化资源丰富，拥有明式家具和百年陆氏旗袍2项相城区非遗技艺传承。村内文旅资源丰富，近20家农家乐、民宿、咖啡馆在此聚集。2017年12月，南河港自然村作为苏州市首批特色田园乡村试点建设，2019年4月竣工，并被评为苏州市特色田园乡村（精品示范村）。2019年成功创建省级特色田园乡村，是迎湖争创全国"千村万寨展新颜"展示村、全国乡村治理示范村、江苏省新农村建设示范村等荣誉称号的主要载体之一。

截至2024年6月，南河港有村民164户，518人，外来人口120人。

仁巷

　　仁巷自然村，位于北太湖旅游度假区，紧邻太湖，拥有得天独厚的太湖风光，村庄面积约0.208平方千米。乡村民房依水而建，错落有致，与大自然融为一体，呈现典型的江南水乡特色村庄风貌，既有"采菊东篱下，悠然见南山"的悠闲，也有"夕阳无限好，只是近黄昏"的美景。因地处太湖边，水资源丰富，水田环绕的村落格局延续了太湖传统水乡的特点，悠久的太湖文化与现代农业果蔬采摘，成为仁巷村发展的主要优势。仁巷村以果蔬为核心，周边布局了精品度假酒店、现代农业采摘及鱼羹稻饭的特色美食店铺等载体联动发展，打造精品乡村旅游线路，促进产业融合。2020年荣获江苏省特色田园乡村。

　　截至2024年6月，仁巷有村民51户，222人，外来人口50人。

下圩田

下圩田（又名夏禹奠），史书记载为春秋战国时期越干王城祭祀的地方，相传北宋时期岳飞带兵南下曾在此练兵，将点将台修筑于此，遗址位于村庄南侧樱花林内，现已成热门打卡地。村庄位于迎湖村西北，近邻太湖之滨，并与望亭渔业村相邻，属太湖区域绿心生态保育区，村庄面积约0.035平方千米。村中建筑呈现淳朴的粉墙黛瓦风格，老石板、小青砖，自然风光优美，村洁、水清、岸绿，彰显自然生态本色。村庄有得天独厚的自然地理资源，在生态环境、基础设施建设、风土人情、人文精神、村民文明素质等方面都有着深厚的底蕴。2020年成功获评苏州市三星级康居村庄。

截至2024年6月，下圩田有村民51户，222人，外来人口50人。

北庄村

北庄村位于黄桥街道南端，交通便利，毗邻中环北线和西环快速路。地处风景名胜虎丘山北麓，由原河东村、河西村在2003年合并而成。辖区总面积约2.3平方千米，现管理书香水岸雅苑1个回迁小区，代管芋㳆嘉园等6个商品房小区。本村目前户籍人口729户、3015人，村民代表43人；代管小区户籍657户、1492人，常住人口共7140人。2005年被评为相城区生态村；2009年被苏州市委评为"实践科学发展、推进两个率先"先锋村、村民自治模范村。

因北庄村整体搬迁，已无主导产业。村民主要安置在书香水岸雅苑、三角咀家园、荷馨苑等小区。北庄村党总支下辖8个党支部，村"两委"成员7人，其中交叉任职3名，党员139名。

莲花庄社区

　　莲花庄社区地处相城区北桥街道中心区域，东起凤湖路，西至鹅真荡，南起冶长泾，北至凤北公路（寺泾路），区域面积0.9平方千米。一直以来，莲花庄社区秉承"螺蛳壳里做道场"的匠心，以绣花功夫推进宜居宜业和美乡村建设，先后取得过江苏省卫生村、江苏省生态村、江苏省和谐社区示范村、苏州市民主法治村、苏州市社会主义新农村示范村等各类荣誉称号。

　　截至2024年7月，莲花庄社区在册户籍居民1160户，常住人口约2380人，其中外来人口约1280人。

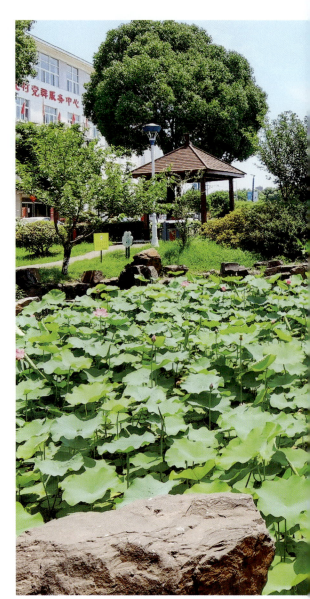

鹅东村

　　鹅东村因地处鹅真荡东侧而得名，位于相城区北桥街道西北角，东临大坝河，西至望虞河、鹅真荡，南临寺泾河，北与无锡的松芝村相邻，全村总面积约2平方千米，拥有风景秀丽的鹅真荡沿岸自然风光和错落有致的村庄风貌。鹅东村历史文化悠久，其中荡下浜自然村是非遗文化开口船拳的发源地之一，北甲自然村骆姓村民相传是《咏鹅》作者骆宾王后裔，为躲避战乱迁居至此。近

年来，鹅东村抢抓发展机遇，规划建设约1600亩高标准农田，打造智慧鹅东数字乡村会客厅，进一步推动基层治理现代化，先后被评为苏州市农村人居环境整治示范村、江苏省文明村和江苏省健康村。

截至2024年7月，鹅东村有村民178户，常住人口约1140人，外来人口353人。

灵峰村

灵峰村位于相城经开区北桥街道北部，是苏州最北的行政村，东邻常熟巷泾村，西接无锡，北与常熟朱桥村为界，位于三地交界之处，总面积6.9平方千米。辖区内业态丰富，共有农田1493亩、旅游场所1处（牧谷农场）、九小场所101家、生产型企业302家。主要种植的农作物为水稻、小麦，特色产业为家具产业，拥有御窑金砖和丝绸2项非遗技艺传承。2014年获评全国文明村；2022年9月，灵峰村的智慧乡村大数据平台正式上线，并获评当年度苏州市"智慧农村"示范村；2024年4月获评江苏省首批宜居宜业和美乡村。

截至2024年7月，灵峰村共有农户1721户，常住人口1.5万人，外来人口8200余人。

石桥村

石桥村位于北桥街道东大门，北接常熟，东靠苏虞运河，颇具江南水乡古镇风情。村内有建于清代宣统元年（1909）的花岗岩拱式桥——石家桥，为苏州市文物保护单位。桥北堍有明代古寺里仁禅院。辖区共有生产型、仓储型企业130余家，注重发展现代特色农产品产业园项目，打造美丽乡村，成功创建康居乡村4个、宜居提升村庄13个。石桥村先后获得苏州市先锋村、苏州市人居环境示范村等各种荣誉称号50余项。

辖区总面积6.22平方千米，现有33个自然村庄。截至2024年7月，共有村民1623户，6259人，常住人口约8500人。